Frieden mit dem inneren Kind

Ingo Michael Simon

Ingo Michael Simon studierte Psychologie und Pädagogik und ist Hypnosetherapeut mit Praxistätigkeiten in Südwestdeutschland und in der Schweiz. Mit Hilfe hypnosegestützter Psychotherapie behandelt er vor allem Menschen mit anhaltenden psychischen Leiden. Angststörungen aller Art und psychosomatische Erkrankungen bilden den Schwerpunkt seiner Praxistätigkeit. Zu seinen therapeutischen Angeboten gehören hauptsächlich Hypnoseanwendungen sowie Quantenheilung und die von ihm selbst entwickelte Traumlandtherapie.

Ausbildungskurse

Ingo Michael Simon bietet regelmäßig Ausbildungskurse zu verschiedenen Therapieformen und Themen an. Aktuelle Informationen und Termine finden Sie auf seiner Homepage www.praxissimon.de.

Frieden mit dem inneren Kind

Ingo Michael Simon

Frieden mit dem inneren Kind
Trancegeschichten

© 2014 - I. M. Simon

ISBN: 978-3-7357-8853-5
Herstellung und Verlag:
BoD - Books on Demand, Norderstedt
Alle Rechte liegen beim Autor.

Wichtiger Hinweis
Die Inhalte dieses Buches beruhen auf den praktischen Erfahrungen des Autors mit Hypnoseanwendungen und Psychotherapie im Zustand der Trance. Obwohl sich der Autor um größtmögliche Sorgfalt bemüht hat, können Fehler oder Missverständnisse in der Darstellung nicht vollkommen ausgeschlossen werden. Die Texte dieses Buches oder Teile davon können in therapeutische Sitzungen eingebaut werden oder zur Unterstützung therapeutischer Prozesse benutzt werden. Das Buch ersetzt auf keinen Fall die sorgfältige Arbeit eines Arztes oder Heilpraktikers, kann also nicht stellvertretend oder ersatzweise für die Behandlung durch einen Therapeuten verstanden werden. Die therapeutische Arbeit mit Menschen sowie die Anwendung der Texte des Buches obliegen ausschließlich der Verantwortung des Therapeuten. Es kann nicht ausgeschlossen werden, dass Teile dieses Buches falsch verstanden werden oder der Einsatz der Texte des Buches eine ungewünschte Reaktion beim Klienten bewirken kann. Eine Mitverantwortung des Autors besteht auch dann nicht, wenn unter Hinweis auf die Ausführungen dieses Buches mit einem Klienten gearbeitet wird.

Inhaltsverzeichnis

Vorbemerkungen 7

Stimmen im Wind 16

Die glücklichen Kinder 22

Begegnung im Spiegel 28

Ich zeige dir meine Welt 34

Frieden mit dem inneren Kind 40

Der Weg der Versöhnung 46

Frieden mit dir 52

Die Kutsche der Freiheit 58

Das Lied der glücklichen Kinder 64

Kinderfotos 70

Schlusswort 76

Chora'Ana
Institut

Ausbildung, Beratung & Gesundheit

Chora' Ana ist ein Ort der Unterstützung, Kräftigung und Begegnung, der achtsamen Kompetenz und des Wirkens. Wir bringen für Sie Berater, Ausbilder und Therapeuten aus ganz Europa zu Veranstaltungen an *einen* Ort ... mitten ins Zentrum von Saarbrücken!

Finden Sie bei uns Ihre Wunschausbildung oder das für Sie passende Beratungs- und Therapieangebot ... oder mieten Sie bei uns Ihren Raum und bringen auch *Ihre* Angebote an Beratung, Therapie und Ausbildung nach Saarbrücken!

Sie finden hier Räume mit Wohlfühlfaktor und eine prachtvolle Adresse, um Ihre Kompetenzen in der besten Form zur Wirkung zu bringen. Unsere Behandlungs- und Beratungsräume eignen sich besonders für den alternativ-gesundheitlichen Bereich. Ganz gleich was Sie tun ... Sie dürfen sich bei aller Konzentration auch wohlfühlen. Wenn Sie nach einem Arbeitstag unsere Räume verlassen, darf es mit einem Lächeln sein.

Institut Chora' Ana
Bahnhofstraße 38 - 66111 Saarbrücken
Telefon 0681 / 910 31 667
www.Leben-Wissen-Gesundheit.de

Vorbemerkungen

Das Land der Träume
Die Arbeit mit Trancegeschichten ist älter als die Hypnosetherapie. Märchen und Erzählungen haben eine besondere Bedeutung, die in allen Kulturen der Welt weitgehend gleich ist. Sie werden erzählt, um Angst zu vertreiben, um Ruhe zu finden und um den Kindern etwas Lehrreiches mit auf den Weg zu geben. Verpackt in eine Geschichte soll auf Gefahren aufmerksam gemacht werden, sollen Moral und Tugend aufgebaut und gefördert werden und nicht zuletzt sollen böse Geister vertrieben werden. Im Grunde genommen geht es in Märchen immer um etwas Heilsames.

Viele Trancetherapeuten wehren sich sicherlich bei der Behauptung, dass eine Trancereise ein Märchen sei. Das hat wahrscheinlich damit zu tun, dass der Trancereise oder den Trancegeschichten eine therapeutische Absicht anhaftet, was bei den Kindermärchen nicht der Fall ist. Dennoch wirkt das gleiche Prinzip. Unsere Vorstellungskraft wird gefordert. Wir versetzen uns beim Anhören immer in das Märchen oder eben in die Trancegeschichte hinein. Dabei spielt es keine Rolle, ob wir die Geschichte interessant oder albern finden. Wir gehen automatisch in die verschiedenen Figuren und Rollen hinein und machen uns ein Bild davon, was wir wohl selbst tun würden in der einen oder anderen Situation. Märchen beinhalten meistens Elemente, die nicht realistisch sind: Zauberei, Magie oder Wesen, die uns im Alltag nicht begegnen, spielen hier oft eine Rolle. Gleichzeitig ist der Kern der Geschichte doch immer sehr realistisch und gibt Anknüpfungspunkte zu unserem Leben. Die vermittelte Botschaft ist meistens eine Aufforderung, sich gut und ehrbar zu verhalten. Darauf verzichtet Therapie natürlich. Es geht ja nicht darum, einen moralisch guten Menschen zu erziehen, sondern Symptome zu lindern. Es ist jedoch das gleiche Prinzip. Trancegeschichten können Elemente oder Abläufe enthalten, die zauberhaft oder märchenhaft sind. In meinem Buch *Wellen am Horizont* gibt es beispielsweise eine Geschichte, bei der es um einen Freiheitsflug geht. In der Trancegeschichte geht das einfach, indem wir die Arme ausbreiten und fliegen. In der Fantasie ist das kein Problem. Wer hat nicht diese Fantasien, fliegen zu können, zaubern zu können?

Gleichzeitig geht es aber auch um ganz reale Probleme oder im Falle der Behandlung von Krankheiten auch um Symptome. Das Problem des Klienten wird in eine Geschichte verpackt, die ein symbolisches Spiegelbild der Thematik ist. Das wird intuitiv verstanden, so wie wir Metaphern und Vergleiche sehr leicht verstehen. Die von mir entwickelte Traumlandtherapie arbeitet nun mit ganz speziellen Märchen, genau genommen mit einer Märchenwelt, die der Klient selbst mit Leben füllt. Im Unterschied zu vielen anderen Trancegeschichten oder Fantasiereisen gibt es hier keinen vorgezeichneten Handlungsablauf und keine Figuren, denen ich Worte in den Mund lege. Meistens ist der Klient alleine im Land der Träume unterwegs und erkundet seine Emotionen und Bilder seiner Erinnerungen, um neue Wege zu finden. Manchmal trifft er auch Figuren, die in seiner Fantasie von alleine anfangen zu sprechen, ohne dass ich Inhalte oder Worte vorgebe. Die Traumlandreisen sind so aufgebaut, dass verdrängte Gefühle und Ereignisse wiederbelebt werden und auf einer tiefen Gefühlsebene verstanden und verarbeitet werden. Daher kommt die Traumlandreise auch ohne direkte oder verklausulierte Zielsuggestionen aus. Ziele und Wege findet der Klient im Land der Träume selbst. Es handelt sich also weniger um eine tatsächliche Geschichte als um eine Reise durch die eigenen Emotionen. Dabei kann der Zuhörer mehrfach die Perspektive wechseln und seine Probleme von verschiedenen Seiten her betrachten. Im Verlauf der Trancereise kann er außerdem Lösungswege ausprobieren und seine eigene Kreativität und innere Heilkraft wecken. Trancereisen regen immer zum Denken und Fühlen an, können praktisch keinen Schaden anrichten und sind leicht verfügbar. Mit etwas Fantasie können wir uns täglich neue Trancereisen ausdenken und sie unseren Klienten in der Beratung oder in der Therapie anbieten. Wenn sie sich für die Traumlandtherapie interessieren und diese gerne selbst erlernen möchten, besuchen sie mich doch einfach einmal auf der Homepage *www.traumlandtherapie.de* oder informieren sich über Kursangebote zur Traumlandtherapie auf *www.praxissimon.de.*

Sind Trancereisen immer ungefährlich?
Ich werde häufig auf meine Trancegeschichten angesprochen. In meinen Ausbildungsgruppen und von meinen Klienten höre ich immer wieder, dass die Geschichten sehr berührend sein können. Das gilt natürlich vor allem für das Zuhören. Wer die Geschichten für sich selbst lesen möchte, sollte sie auf Tonband sprechen und dann anhören. Das wirkt besser als das einfache Lesen. Ich werde dann sehr oft gefragt, worauf den zu achten sei beim Formulieren einer Trancegeschichte, um Schäden beim Klienten zu vermeiden. Natürlich gibt es gute und weniger gute Trancereisen. Wenn es gelingt, die Trancegeschichten dieses Buches ein bisschen auf den

jeweiligen Klienten anzupassen, werden sie zu ganz individuellen Reisen. Ich fordere alle Kursteilnehmer und natürlich auch alle Leserinnen und Leser dazu auf, gerade das zu tun. Nehmen Sie die Geschichten als Beispiele oder als Grundgerüst und verändern Sie hier und da etwas. Sorgen Sie sich nicht. Sie schaden ihrem Klienten nicht mit einer Geschichte, auch nicht mit einer visualisierten Reise durch seine Emotionen und Gedanken. Doch ich kenne schon das nächste Argument. Was helfen kann, kann auch schaden. Wer hilft, verändert ja etwas. Also kann auch eine negative Veränderung eintreten.

Ich bleibe stur. Trancegeschichten sind keine Tricksuggestionen, die den Klienten manipulieren sollen. Es ist immer hilfreich, die eigenen Stimmungen und Gedanken anzuschauen und damit umzugehen. Natürlich werden Trancereisen nicht einfach nur vorgelesen. Berater, Geistheiler oder Therapeuten sind als Ansprechpartner da, sie greifen die Gefühle und die Äußerungen der Klienten auf und helfen ihnen, diese zum Ausdruck zu bringen. Wir geben unseren Klienten Raum, da zu sein und sich zu öffnen. Ich versichere ihnen, dass das Gegenteil viel dramatischer ist: Schweigen, Ablenken und nicht darüber reden oder nicht einmal an die Probleme denken. Das führt zu einem immer größer werdenden inneren Druck, der die Problematik verschlimmert. Sie finden in diesem Buch auch eine Trancereise, die für Menschen gedacht ist, die einen Suizidversuch überlebt haben, und eine weitere für Menschen, die deutliche Suizidgedanken haben. Ich möchte sie ausdrücklich dazu ermuntern und sie darin bestärken, gerade mit suizidalen Menschen zu reden, ihnen Hilfe anzubieten. Entgegen der weit verbreiteten Alltagsmeinung, dass jemand, der einen Selbsttötungsversuch unternommen hat, besser nicht mehr darauf angesprochen wird und durch Ablenkung und Aufzeigen des Schönen ins Leben zurückgeholt werden sollte, versichere ich ihnen, dass es am wichtigsten ist, darüber zu reden. Niemand wird durch das Sprechen über seine Suizidgedanken oder seinen Suizidversuch in den Tod getrieben. Das Gegenteil ist der Fall. Jedes Sprechen darüber, sofern es frei von Aufforderungen, Anweisungen und Kommandos oder gar Schuldzuweisungen und Moralpredigten ist, hilft beim Überleben und wichtiger noch - beim Weiterleben. Lesen sie die beiden Trancereisen und entscheiden sie selbst, ob sie damit arbeiten wollen.

Wie können die Geschichten eingesetzt werden?
Jede Geschichte beginnt mit einem kleinen Einleitungsteil, den ich kursiv und in Klammern dem eigentlichen Trancetext vorangestellt habe.

Wenn Sie eine Fantasiereise zur Entspannung vorlesen oder um einen Menschen das betreffende Thema betrachten zu lassen, ohne vorher mit ihm therapeutisch gearbeitet zu haben, sollten Sie diese Einleitung vorlesen. Jeder Tagtraum dieses Buches, auch so kann eine Trancegeschichte genannt werden, dauert ca. zehn bis fünfzehn Minuten, je nach Lesetempo. Ich habe das ganz gezielt so gewählt, damit die Trancereisen auch in therapeutische oder Beratungssitzungen eingebaut werden können. Dort eignen sie sich zum Abschluss oder als integrierter Teil einer Sitzung, die bei den meisten Therapeuten fünfundvierzig bis neunzig Minuten dauert.

Im Text habe ich Lücken gelassen, die ich mit Pünktchen ausgefüllt habe … … Diese sollen den Lesefluss verlangsamen. Es ist wichtig, nicht zu schnell zu lesen, um dem Zuhörer und seinem Unterbewusstsein Gelegenheit zu geben, das Gehörte nachzuempfinden und eine bildhafte Vorstellung dazu zu entwickeln. Lassen Sie ruhige Instrumentalmusik im Hintergrund laufen. Das erleichtert die Entspannung und erhöht die Wirkung der Trancegeschichten.

Ich verzichte auf eine theoretische Erklärung der Wirkungsweise von Trancegeschichten und darüber, welche Wörter man benutzen oder lieber weglassen sollte, wenn man solche Geschichten schreibt oder frei formuliert. Probieren Sie die

Tagträumereien einfach einmal aus und versuchen Sie doch einmal nach einiger Zeit, selbst eine Fantasiereise zu schreiben. Sie werden sehen, dass es vor allem auf die liebevolle und zärtliche Grundhaltung beim Formulieren und beim Lesen oder Sprechen ankommt, auf Respekt und ehrliche Akzeptanz. Das ist dann schon mehr als genug, um eine gute und auch therapeutische Wirkung zu erzielen.

Während sich mein Buch *Wellen am Horizont* vor allem mit emotionalen Themen befasst und *Heilsame Fantasien* mit körperlichen Problemen und Erkrankungen, geht es in diesem Buch um Situationen, die zu einem Bruch im Leben geführt haben, zum Verlieren des Lebensmutes oder zum leidvollen Stillstehen, aus dem kein subjektiver Ausweg gefunden werden konnte. Es versteht sich von selbst, dass eine Behandlung durch einen Arzt oder Heilpraktiker nicht durch Trancereisen ersetzt werden kann. Sie können aber helfen, die inneren Kräfte zu mobilisieren, um Veränderungs- oder Heilungsprozesse zu unterstützen. Die Trancegeschichten können also von Therapeuten oder von Lebensberatern benutzt werden und in die Sitzungen mit Klienten eingebaut werden. Natürlich kann auch jeder Laie die Geschichten vorlesen und damit helfen. Lassen sie einfach etwas ruhige Instrumentalmusik laufen und lesen sie etwas langsamer und auch leiser als sie normalerweise sprechen. Probieren sie es aus und sehen Sie selbst, wie einfach das ist. In meiner Praxis nehme ich die frei gesprochenen Trancereisen immer auf, indem ich ein digitales Diktiergerät mitlaufen lasse und meinen Klienten dann eine Audio-CD brenne, die sie direkt mitnehmen können. So können sie die Trancereise immer wieder anhören und immer neue Facetten ihrer Probleme betrachten, verschiedene Lösungsideen entwerfen und schließlich neue Wege beschreiten. Beachten sie bitte bei Tonaufnahmen die Lizenzierung der benutzten Musik. Das ist urheberrechtlich vorgeschrieben und es gebietet die Fairness dem Komponisten gegenüber. Auf Seite 6 des Buches finden sie eine Bestellmöglichkeit für lizenzierte Musik, die auch ich für die Traumlandtherapie benutze.

Und nun wünsche ich Ihnen viel Spaß mit den Fantasiereisen und angenehme Tagträume!

Stimmen im Wind

[Die Vergangenheit loszulassen, ist gar nicht so einfach wie wir manchmal glauben. Wir denken dann, dass wir Ereignisse und Erlebnisse überwunden hätten, doch irgendwie kommen die Erinnerungen dann doch wieder zurück und nagen an uns. Auch du kennst das. Dann fällt dir auf, dass manchmal ein Teil von dir innerlich stehen bleibt und ein anderer weiter geht. Doch nur der Teil, der wirklich weiter geht im Leben und sich den Herausforderungen der Gegenwart stellt, kann sich entwickeln. Im Stehenbleiben kann auch nur Stillstand geschehen, der niemals ein Fortschritt sein kann oder zu ihm führen kann. Heute gehst du weiter.]

Lass deinem Atem in aller Ruhe fließen und spüre die angenehme Entspannung beim Ausatmen ... ... Fantasie kennt keine Grenzen, sie kann dich an jeden Ort der Welt führen, wo auch immer du hin gehen möchtest ... ... Dafür genügt die Dauer eines einzigen Atemzugs ... ... So bringt dich dein Atem an einen Ort, der weit entfernt von allen Dingen da draußen existiert, doch näher ist als irgendetwas anderes auf dieser Welt sein könnte ... ... ein Ort ganz tief in dir selbst, an dem alles möglich ist, was du denken kannst ... ... Du gehst in das Land der Träume ... ...

Du stehst auf einer wunderschönen Wiese und kannst die frische Luft so richtig genießen ... ... Du siehst farbenfrohe Blumen und das Gras der Wiese ist tiefgrün ... ... es ist ein schöner Sonnentag und weil es so schön ist und so warm, ziehst du die Schuhe aus und gehst mit nackten Füßen über die Wiese, die sich anfühlt wie ein warmer flauschiger Teppich ... ... Du spürst den Wind in deinen Haaren und auf deinem Gesicht ... ... ein Frühlingswind, der dich im Land der Träume grüßt ... ... Du lässt deine Gedanken umher ziehen, erinnerst dich an eine Zeit, die schon lange her ist ... ... Bilder aus deinen Kindertagen werden in dir wach ... ... Du erinnerst dich an Wünsche und Ideen, die du einst hattest ... ... Pläne und Vorstellungen davon, was einmal werden sollte in deinem Leben ... ... viele Ideen sind bald wieder verschwunden ... ... andere sind bis heute geblieben ... ... als Wunsch ... ... als Sehnsucht ... ... manche Vorstellungen sind vielleicht auch als Fantasie geblieben, die du gar nicht wirklich erleben willst, die du aber als schönes Bild in dir bewahrt hast, weil dieser Wunsch oder diese Sehnsucht dir ein gutes Gefühl gibt ... ... dich träumen lässt ... ... Träume sind nicht einfach unerfüllte Wünsche ... ... Viele Träume helfen uns dabei, uns immer wieder zu bestätigen, dass wir mehr sind als nur lebende Körper ... ... dass unsere Kreativität und unsere

Fantasie eben auch einen Selbstzweck erfüllen können ... ... den Zweck, durch Gedanken und Vorstellungen, durch Bilder, die wir uns selbst erschaffen, in eine bestimmte Stimmung zu kommen und damit uns selbst Achtsamkeit zu schenken ... ... Liebe von uns für uns ... ... Selbstliebe ... ... Und während du noch darüber nachdenkst, findet du einen schönen Platz, an dem du dich ausruhen kannst ... ... vielleicht im Schatten eines Baumes oder mitten auf der Wiese in der Sonne ... ... Du findest einen Platz, der zu dir passt, den du als angenehm erleben kannst ... ... Dort legst du dich hin und schließt die Augen ... ... Deine Gedanken wandern wie die Wolken am Himmel ... ... Nichts ist jetzt noch wichtig ... ... Du beginnst zu träumen ... ...

... ... Und während du träumst hörst du eine Kinderstimme im Wind ... ... ganz leise und weit entfernt ... ... und nach und nach wird die Stimme lauter ... ... Dann öffnest du die Augen, um zu sehen, wo dieses Kind ist oder wo die Stimme herkommt ... ... Du schaust über die Wiese, lässt deinen Blick und deine Gedanken schweifen ... ... Dann siehst du das Kind ... ... ein kleines Kind, vielleicht gerade mal fünf oder sechs Jahre alt ... ... Es kommt auf dich zu ... ... es hat dich gesucht und nun endlich gefunden ... ... Es ist *ein kleines Mädchen/ein kleiner Junge [Bitte dem Geschlecht des Zuhörers anpassen]* ... ... und dieses

Kind kommt dir bekannt vor ... ... Du bist dir sicher, dass du es schon einmal gesehen hast, dass du es kennst ... ... Es kommt immer näher, bis es direkt vor dir steht ... ... „Wer bist du?" fragst du ... ... „Wer bist du?" ... ...
„Hast du mich denn wirklich vergessen?" fragt das kleine Kind ... ... „Weißt du wirklich nicht mehr, wer ich bin?" ... ... „Ich habe auf dich gewartet" ... ... Eine Träne läuft über das Gesicht des Kindes und du spürst, dass im gleichen Augenblick über dein eigenes Gesicht eine Träne läuft ... ... Dann sagst du „Ich weiß, wer du bist ... ... ich habe nur geglaubt, dass wir uns nicht mehr treffen würden, obwohl auch ich schon so lange nach dir suche." ... ... Du erkennst in dem Gesicht des Kindes dein eigenes Gesicht, denn es sieht genau so aus wie du damals ausgesehen hast, als du so klein warst ... ... Du bist selbst dieses Kind ... ... ein Teil von dir ist dieses Kind, das hier auf dich gewartet hat ... ... im Land deiner Träume ... ... Dann breitest du deine Arme aus und schließt das kleine Kind, dein inneres Kind, das du auch selbst bist, ganz fest in deine Arme ... ... Du drückst es an dich und schenkst ihm deine ganze Liebe ... ... deinen Schutz und deine Wärme ... ... und du spürst auch die Liebe des Kindes, die es dir schenkt ... ... Es freut sich so, dass du es gefunden hast ... ... dass ihr beide euch gefunden habt ... ... *der kleine Junge/das klei-*

ne Mädchen, das so aussieht wie du und du als erwachsene Person ... ... Dein inneres Kind legt sich zu dir auf die Wiese und träumt mit dir gemeinsam einen Traum deines Lebens ... ... Du träumst die Bilder des Kindes ... ... Du hörst die Stimme des Kindes, das dir von seinem Leben erzählt ... ... von seinen Sorgen und Ängsten ... ... von seiner Traurigkeit und von all den Gefühlen und Erlebnissen, die es immer wieder verdrängen musste, weil es stark sein musste oder wollte ... ... weil es überleben musste ... ... und in den Sorgen des Kindes erkennst du deine eigenen Sorgen, denn es erzählt dir all das, was auch du als Erwachsene/r als schmerzhaft und schwierig erlebst ... ... So trauert ihr beide gemeinsam, das innere Kind und du, weil ihr wisst, dass die Vergangenheit nicht mehr geändert werden kann ... ... weil vieles dich traurig gemacht hat ... ... weil du oft einsam warst und niemand dir helfen konnte oder wollte ... ... weil oftmals eben keiner da war, der dir geholfen hat, obwohl du damals als Kind Hilfe gebraucht hättest ... ... Du hättest jemanden gebraucht, der dich getröstet und geliebt hätte ... ... Das Kind, das bei dir ist, ist dieser hilflose einsame Teil von dir, der all das noch nicht vergessen konnte ... ... der Teil von dir, der noch nicht das Vergangene loslassen konnte, weil der Schmerz und die Trauer noch so groß sind ... ... Du lässt also alle

Tränen fließen, du trauerst mit deinem inneren Kind gemeinsam um all das, was nicht sein konnte … … um all das, was auch nicht mehr nachgeholt werden kann … … Das Kind kuschelt sich in deinen Arm und schläft ein und auch du versinkst in deinen Träumen … … Du hältst das Kind fest und gibst ihm Sicherheit … … Heute seid ihr ganz nah beieinander und schenkt euch gegenseitig eure Liebe … … Du schläfst ein und hörst eure Stimmen im Wind … … die Stimme des Kindes und deine erwachsene Stimme … … euer Lachen erfüllt das Land der Träume … … Dann denkst du darüber nach, dass das Land der Träume ganz tief in dir drin ist … … Dort war es schon immer … … Ich erzähle dir nur davon …

[Schenke dir selbst noch einen Augenblick der Achtsamkeit und Stille und spüre in dich hinein. Lass die Bilder und Gedanken einfach mit jedem Atemzug blasser werden, bis sie dann im Wind deines Atems vergehen. Werde dir deines Körpers bewusst und schenke ihm Achtsamkeit. Spüre mit deinen Sinnen in deine Umgebung hinein und stell dich darauf ein, mit dem Gefühl der Verbundenheit mit dir selbst wach zu werden. Dein Körper will sich bewegen und dein Geist wird wieder wach. Du öffnest die Augen und bist wach!]

Die glücklichen Kinder

[Oftmals kämpfst du mit der Vergangenheit, so als könntest du sie noch ändern. Du stellst dir dann vor, wie es wäre, wenn du alles noch einmal machen oder erleben könntest, denn manchmal, so scheint es, war es ein einziger Augenblick, der alles verändert hat. So kommst du dann zu dem Schluss, dass auch ein einziger Augenblick alles so hätte verändern können, dass dir Leid erspart geblieben wäre. Doch du weißt, dass das Vergangene nun mal nicht zu ändern ist. Doch in einem einzigen Augenblick der Gegenwart könntest du alles ändern, dich sofort von dieser alten Last befreien. Vielleicht ist dieser Augenblick heute gekommen.]

Lass deinem Atem in aller Ruhe fließen und spüre die angenehme Entspannung beim Ausatmen … … Fantasie kennt keine Grenzen, sie kann dich an jeden Ort der Welt führen, wo auch immer du hin gehen möchtest … … Dafür genügt die Dauer eines einzigen Atemzugs … … So bringt dich dein Atem an einen Ort, der weit entfernt von allen Dingen da draußen existiert, doch näher ist als irgendetwas anderes auf dieser Welt sein könnte … … ein Ort ganz tief in dir selbst, an dem alles möglich ist, was du denken kannst … … Du gehst in das Land der Träume … …

Du stehst in einem Feld mit lauter Blumen … … alle nur erdenklichen Farben kannst du erkennen und die zarten Blütenblätter duften wunderbar … … Du gehst durch das Blumenfeld und berührst die Blütenblätter mit deinen Fingerspitzen … … und jedes Blatt, das du berührst, scheint wach zu werden und sich zu bewegen, als wollte es dir etwas sagen … … Du gehst mit deinem Gesicht ganz nah an die Blüten einiger Blumen heran … … Die Blütenblätter tanzen im Wind und du hörst wie sie flüstern … … „Finde die glücklichen Kinder" … … „Finde die glücklichen Kinder" … … Dann denkst du zurück an die Zeit deiner Kindheit und deines gesamten Lebens … … Nicht immer warst du ein glückliches Kind … … vielleicht warst du es sogar niemals oder hast das einfach nicht so fühlen können … … Auch in deinem Leben, in deiner Kindheit und in der Zeit deines Erwachsenenlebens gab es glückliche Momente und Ereignisse … … Gefühle der Liebe und der Geborgenheit … … doch die vielen Enttäuschungen und Verletzungen haben immer wieder dazu geführt, dass du dich nicht mehr auf das Gefühl des Glückes oder des Glücklichseins verlassen konntest … … dass dieses Gefühl immer wieder zerstört wurde … … bis du tief in dir gar nicht mehr zulassen konntest, Glück zu spüren, auch nicht für kurze Momente … … denn die Angst vor dem Schmerz des zerbrechenden Glückes war und ist so groß, dass du Angst hast, daran zu zerbrechen ... ... Du hast davon gehört, dass du deinem inneren Kind begegnen könntest ... ... dass dieses innere Kind für all das stehen kann, was in deinem Leben auf der Strecke geblieben ist ... ... für all das, was nur als Sehnsucht oder Wunsch da sein durfte, doch niemals Wahrheit geworden ist ... ... nicht nur in der Kinderzeit ... ... vielleicht bleibt ein kleiner Teil von uns auch in jeder Sekunde unseres Lebens stehen, in der Hoffnung, das Unerfüllte irgendwann nachholen zu können ... ... um dann weiter zu gehen ... ... Doch du gehst weiter, du gehst durch das Blumenfeld ... ... Dann fällt dir auf, dass alle Blumen sich zu dir hin neigen, wenn du vorüber gehst ... ... sie begleiten deinen Weg im Land der Träume ... ... Dann hörst du Kinderstimmen ... ... viele Kinderstimmen, die der Wind zu dir trägt ... ... Du schaust dich um, lässt deinen Blick wandern ... ... Du entdeckst eine Gruppe von Kindern, die durch das Feld mit den vielen Blumen laufen ... ... Sie singen und tanzen ... ... Sie springen und laufen durch das Blumenfeld und die Blumen neigen sich auch zu den Kindern hin ... ... strecken und recken sich ihnen entgegen, um sie zu grüßen und um ihren Tanz zu begleiten ... ... Es ist die Gruppe der glücklichen Kinder, die immerzu durch das Land der Träume zieht, um alle

Kinder einzuladen, mit ihnen glücklich zu sein ... ... die Freiheit zu genießen und unbeschwert zu sein, wie alle Kinder es eigentlich sein sollten ... ... Doch eines der Kinder hängt hinterher ... ... es läuft langsamer als die Gruppe, fällt immer wieder zurück ... ... Dieses Kind erblickt dich und läuft zu dir ... ... Es sieht so aus wie du als Kind ausgesehen hast ... ... Du spürst es und du weißt es, es kann nur so sein, es ist dein inneres Kind ... ... Du hast es gefunden ... ... und das Kind hat dich gefunden ... ... Du begegnest dir selbst in einer anderen Zeit, doch auf besondere Art und Weise ist es auch genau die Zeit, in der du lebst ... ... Denn das innere Kind ist immer bei dir und in dir ... ... wenn es auch so an der Vergangenheit hängt ... ...

... ... Du begrüßt das Kind, das so aussieht wie du, das du selbst ja bist, und hebst es mit beiden Händen hoch ... ... Du trägst dein inneres Kind auf deinem starken erwachsenen Arm und hältst es sicher und warm ... ... es drückt sich ganz fest an dich, umarmt dich mit seinen kleinen Armen und mit seiner Liebe ... ... es freut sich so, dass du da bist, um ihm zu helfen ... ... und damit auch dir selbst zu helfen, um endlich frei zu werden ... ... frei zu sein ... ... und frei zu bleiben ... ... frei und glücklich wie die glücklichen Kinder, die so unbeschwert tanzen und singen und ohne Ziel durch das Land der Träume ziehen ... ... Ihr einziges Ziel ist der Horizont, den sie ganz von alleine erreichen, wenn sie unbekümmert weiter laufen ... ... Du spürst die Nähe und die tiefe innere Verbindung zu diesem Kind, das deine Gefühle in sich trägt ... ... die Gefühle vergangener Tage, die dich noch so stark beschäftigen ... ... die dieses Kind zum Kind gemacht haben oder dafür gesorgt haben, dass es Kind geblieben ist und nicht mit dir erwachsen werden konnte ... ... Die Gruppe der glücklichen Kinder entfernt sich langsam und du spürst, dass es an der Zeit ist, Abschied zu nehmen ... ... Du überlegst dir, dass deine Erinnerungen und alle Gefühle, die du in der Vergangenheit hattest, tief in dir gespeichert werden und als helfende Erfahrungen für dich da sein können, auch und gerade dann, wenn du das Kind loslassen kannst ... ... dann braucht das innere Kind all das nicht mehr zu tragen ... ... Dein inneres Kind erklärt dir, dass die Blumen des riesigen Feldes für all deine Gefühle stehen ... ... jede Blume steht für ein Gefühl, das du einst hattest oder jetzt hast ... ... alle Erlebnisse deines Lebens waren mit Gefühlen verbunden ... ... für jedes Gefühl wächst eine Blume im Land der Träume, die niemals verblüht ... ... damit du dein ganzes Leben lang von dem Gefühl lernen und daran wachsen kannst ... ... alle schönen Gefühle helfen dir, auch alle beschwerlichen helfen dir im Land der

Träume ... ... Sie bilden alle gemeinsam das wunderschöne Feld der Blumen, die zu dir sprechen, die dir in jedem Augenblick deines Lebens zuflüstern, was für dich wichtig ist ... ... Du kannst sie tief in dir hören, wenn du das Kind loslassen kannst ... ... Dann verabschiedest du dich ... ... Du lässt das innere Kind los, das begleitet von deiner Liebe zu der Gruppe der glücklichen Kinder läuft ... ... Dein Inneres Kind läuft schneller und schneller ... ... schneller als je zuvor und erreicht die Gruppe der glücklichen Kinder, die gemeinsam zum Horizont laufen, dorthin wo deine Zukunft beginnt ... ... Dann denkst du daran, dass das Land der Träume ganz tief in dir drin ist ... ... Dort war es schon immer ... ... Ich erzähle dir nur davon ... ...

[Schenke dir selbst noch einen Augenblick der Achtsamkeit und Stille und spüre in dich hinein. Lass die Bilder und Gedanken einfach mit jedem Atemzug blasser werden, bis sie dann im Wind deines Atems vergehen. Werde dir deines Körpers bewusst und schenke ihm Achtsamkeit. Spüre mit deinen Sinnen in deine Umgebung hinein und stell dich darauf ein, mit dem Gefühl der Verbundenheit mit dir selbst wach zu werden. Dein Körper will sich bewegen und dein Geist wird wieder wach. Du öffnest die Augen und bist wach!]

Begegnung im Spiegel

[Die Vergangenheit loszulassen, kann ziemlich schwer sein, auch wenn wir es tatsächlich wollen. Wir denken auch oft, dass wir das Vergangene bereits überwunden hätten, doch irgendwie kommen die Erinnerungen dann doch wieder zurück und auch die Schwermut. Du weißt wie das ist. Du weißt auch, dass manchmal ein Teil von dir innerlich stehen bleibt und ein anderer weiter geht. Doch nur der Teil, der wirklich weiter geht im Leben und die Aufgaben des Lebens annimmt, kann sich entwickeln. Im Stehenbleiben kann es keinen Fortschritt geben. Deshalb willst du nie wieder stehen bleiben. Du willst weiter gehen.]

Lass deinem Atem in aller Ruhe fließen und spüre die angenehme Entspannung beim Ausatmen … … Fantasie kennt keine Grenzen, sie kann dich an jeden Ort der Welt führen, wo auch immer du hin gehen möchtest … … Dafür genügt die Dauer eines einzigen Atemzugs … … So bringt dich dein Atem an einen Ort, der weit entfernt von allen Dingen da draußen existiert, doch näher ist als irgend etwas anderes auf dieser Welt sein könnte … … ein Ort ganz tief in dir selbst, an dem alles möglich ist, was du denken kannst … … Du gehst in das Land der Träume … …

Du stehst mitten in einem Kornfeld und schaust dich um ... ... Du entdeckst einen schmalen Pfad, der quer durch dieses Feld führt ... ... Du gehst auf diesen Pfad und folgst einem Richtungsschild, auf dem steht „Pfad der Erkenntnis" ... ... Dein Weg führt dich zum Rand des Feldes, dort findest du den Eingang einer Höhle ... ... Der schmale Weg, auf dem du gehst, führt direkt in diese Höhle hinein ... ... Du bist neugierig ... ... Du überlegst dir, was du wohl finden magst in dieser Höhle ... ... Also gehst du voller Vertrauen darauf, im Land der Träume immer nur das Richtige finden zu können, in die Höhle ... ... Du bleibst einfach auf dem Pfad, der dich lenkt und führt ... ... Im Land der Träume findest du immer das Richtige ... ... Im Land der Träume findest du immer dich selbst ... ... denn alles hier gehört zu dir ... ... alles ist ein Teil von dir ... ... Du selbst bist das Land der Träume ... ... Du gehst also weiter ... ...

... ... Du kommst zu einem Raum in der Höhle, der hell erleuchtet ist ... ... Tausend kleine goldene Lichter leuchten wie kleine Sterne von den Wänden der Höhle ... ... und in der Mitte des Raumes steht ein großer silberner Spiegel ... ... Du gehst näher an diesen Spiegel heran ... ... ganz nah ... ... Du schaust in den Spiegel ... ... Doch du siehst nicht das Bild, das du erwartet hast ... ... Du dachtest, dass du dein Spiegelbild erkennen könntest, doch du siehst das Bild eines Kindes im Spiegel ... ... *ein kleiner Junge/ein kleines Mädchen [Bitte dem Geschlecht des Zuhörers anpassen]* ... ... Dieses Kind hat deine Augen ... ... Du erkennst deinen Blick, das Glänzen deiner Augen und die Tränen ... ... die so aussehen wie deine Tränen ... ... Doch es ist ein Spiegel, in den du schaust und in einem Spiegel können wir immer nur uns selbst sehen ... ... Dann wird es dir klar ... ... Du siehst tatsächlich dich selbst ... ... Du siehst dich selbst in diesem Spiegel, nur eben als Kind ... ... als Kind, das du einst warst ... ... doch auch als Kind, das du tief in dir immer noch bist ... ... zumindest ein Teil von dir ist tief in dir Kind geblieben ... ... ein Teil ist im Verlauf deines Lebens manchmal stehen geblieben, um darauf zu warten, eines Tages doch noch gesehen zu werden ... ... eines Tages doch noch geliebt zu werden ... ... eines Tages befreit zu werden ... ... Dein inneres Kind, so wollen wir es im Land der Träume nennen, hat hier gewartet, um von dir heute gesehen zu werden ... ... um von dir heute geliebt zu werden ... ... um von dir befreit zu werden ... ... nur deshalb ist es hier ... ... denn vor vielen Jahren konnte es nicht so leben wie es das gebraucht hätte ... ... Damals hat das Kind, das heute noch in dir lebt und wirkt, niemanden gehabt, der es genug gesehen und geliebt hatte ... ... es war nicht möglich oder aber es wäre möglich gewesen, doch kam anders ... ... warum auch immer das so geschehen war ... ... Das ist deine Geschichte ... ... eine andere hast du nicht ... ... Doch dafür hast du heute die Wahl, deine eigene Geschichte fortzuschreiben ... ... sie weiter zu dichten und zu erfinden ... ... Heute hast du die Möglichkeit, diesem Kind in dir alles zu geben und zu schenken, was ihm damals gefehlt hat ... ... Heute wird alles anders ... ... Du streckst dem Kind deine Hand entgegen ... ... dabei bemerkst du, dass du in den Spiegel hinein greifen kannst ... ... Er ist wie ein offen stehendes Fenster ... ... Also streckst du deine Hand in den Spiegel und auch das Kind im Spiegel streckt seine Hand nach dir aus ... ... Es ergreift deine Hand ... ... Dein inneres Kind im Spiegel geht einen Schritt auf dich zu und du hilfst ihm mit einem kräftigen Zug deines Armes ... ... Du hilfst deinem inneren Kind, aus dem Spiegel nach außen zu treten und bei dir zu sein ... ... Ihr steht beide vor dem Spiegel ... ... und gemeinsam schaut ihr noch einmal in den Spiegel ... ... Dort siehst du Bilder deiner Kindheit ... ... Du siehst wie das damals war, als du dich so alleine gefühlt hast ... ... als du selbst noch ein kleines und hilfloses Kind warst ... ... doch heute bist du groß und das Leben hat dich stark gemacht ... ... Heute kannst du das Kind an deiner Seite beschützen ... ... Heute kannst du ihm den

Schutz und die Geborgenheit geben, die es damals gebraucht hätte ... ... So schaut auch das Kind auf diese alten Bilder ... ... auf die Bilder deiner Erinnerung, um zu spüren, dass es den Schutz und die Liebe, die es früher gebraucht hätte, tatsächlich gibt ... ... Dein inneres Kind, das Kind, das du selbst bist, drückt sich ganz fest an dich ... ... es hält sich an dir fest und spürt, dass du es bist, der die Hilfe geben kann, die ihm so lange gefehlt hat ... ... Es spürt, dass du auch die Liebe geben kannst, die es so dringend braucht ... ... und das Kind spürt auch, dass du es befreien kannst ... ... Du hast es aus dem Spiegel befreit und du kannst es immer wieder befreien ... ... Du kannst es da sein lassen, so wie jetzt ... ... genau so wie jetzt ... ... Dann gehst du zum Ausgang der Höhle ... ... Du nimmst das Kind mit, führst es mit deiner Hand ... ... Das Kind, das du gefunden hast, vertraut dir ... ... Es weiß, dass du stark genug und erfahren genug bist, immer einen Ausweg zu finden ... ... immer Schutz und Liebe zu geben ... ... dem inneren Kind und damit auch dir selbst ... ... Liebe von dir für dich ... ... Liebe von dir für dich ... ... Du kommst vor der Höhle an und stehst in der Sonne ... ... das Kind hältst du fest an deiner Hand ... ... Gemeinsam geht ihr über eine blühende Wiese und findet einen schönen Platz, an dem ihr euch ausruhen könnt ... ... ausruhen von all den Strapazen und Anstrengungen des Lebens ... ... von all den Bemühungen des Suchens und von den Versuchen der inneren Befreiung ... ... Heute ist diese Befreiung gelungen ... ... Du hast das innere Kind gefunden und es begleitet dich nun ... ... gemeinsam könnt ihr die Welt nun entdecken und neu verstehen ... ... dein eigenes Leben neu und anders begreifen als bisher ... ... nun ist es möglich ... ... zuerst im Land der Träume und dann in deinem wachen Alltag ... ... Dann schläfst du ein und auch das innere Kind kommt zur Ruhe und träumt ... ... Beim Einschlafen denkst du darüber nach, dass das Land der Träume tief in dir drin ist. Dort war es schon immer. Ich erzähle dir nur davon ... ...

[Schenke dir selbst noch einen Augenblick der Achtsamkeit und Stille und spüre in dich hinein. Lass die Bilder und Gedanken einfach mit jedem Atemzug blasser werden, bis sie dann im Wind deines Atems vergehen. Werde dir deines Körpers bewusst und schenke ihm Achtsamkeit. Spüre mit deinen Sinnen in deine Umgebung hinein und stell dich darauf ein, mit dem Gefühl der Verbundenheit mit dir selbst wach zu werden. Dein Körper will sich bewegen und dein Geist wird wieder wach. Du öffnest die Augen und bist wach!]

Ich zeige dir meine Welt

[Wenn du dich mit den Dingen befasst, die dich aus der Vergangenheit heraus bis heute belasten, dann geht es immer um etwas, das unvollständig geblieben ist. Weil die Dinge nicht so verlaufen sind oder zu Ende gebracht wurden, wie du es gewünscht oder gebraucht hättest. Ein Teil von dir ist dann in der Vergangenheit geblieben, voller Sehnsucht nach Veränderung. Du hast den Eindruck, dass du das Vergangene nicht loslassen kannst, weil das Unrecht, das du erlebt hast, zu groß war oder das Leiden zu tief. Doch du hast die Kraft, all das zu überwinden und du kannst diese Kraft heute finden.]

Lass deinem Atem in aller Ruhe fließen und spüre die angenehme Entspannung beim Ausatmen ... ... Fantasie kennt keine Grenzen, sie kann dich an jeden Ort der Welt führen, wo auch immer du hin gehen möchtest ... ... Dafür genügt die Dauer eines einzigen Atemzugs ... ... So bringt dich dein Atem an einen Ort, der weit entfernt von allen Dingen da draußen existiert, doch näher ist als irgend etwas anderes auf dieser Welt sein könnte ... ... ein Ort ganz tief in dir selbst, an dem alles möglich ist, was du denken kannst ... ... Du gehst in das Land der Träume ... ...

Du stehst auf einem breiten Weg und schaust nach oben in den Himmel … … Das Wetter ist so wie du es am liebsten hast, du selbst kannst bestimmen wie alles sein soll im Land der Träume … … immerhin ist dieses Land in dir, tief in deinen Gefühlen … … Dort entsteht es jeden Tag aufs Neue … … denn deine Gefühle bilden die Landschaft und die Pflanzen des Traumlandes … … deine Gefühle ermöglichen jede Begegnung und jedes Erlebnis, das hier möglich ist … … also kannst du auch entscheiden, was hier sein soll und sein darf … … Du gehst Schritt für Schritt über den breiten Weg, in deiner Geschwindigkeit, in deinem Tempo und kommst immer tiefer in die Welt deiner Fantasie und Kreativität … … immer tiefer in die Welt deiner eigenen Gefühle … … der vergangenen und der aktuellen … … aller Gefühle, die eine Rolle in deinem Leben spielen und gespielt haben … … Du näherst dich einer Kreuzung … … Mitten auf der Kreuzung steht das/ein Kind, das so aussieht wie du … … Dein inneres Kind wartet hier auf dich … … Es führt dich durch das Land der Träume, das ein Land deiner Erinnerungen und Gefühle ist, aber auch ein Land der Kreativität und der Erneuerung … … das Land deiner Entwicklung und deines Wachsens … … das Land der Befreiung von alten Umklammerungen, die dich so lange aufgehalten haben … … Du kommst an der

Kreuzung an ... ... Dein inneres Kind begrüßt dich mit einer herzlichen Umarmung ... ... es freut sich, dein heutiger Reiseführer zu sein und dir seine Welt zu zeigen, die auch deine Welt ist ... ... Ihr geht also gemeinsam weiter ... ... Der Weg führt zu einem Kornfeld ... ... mitten auf diesem Feld liegen drei große Kristallkugeln ... ... Dein inneres Kind führt dich zu der ersten Kugel und erklärt dir, dass dies die Kugel des Starkseins ist ... ... Du schaust in die Kugel wie in die Glaskugel einer Wahrsagerin und siehst Bilder aus deinem eigenen Leben ... ... Du siehst Situationen, in denen du stark sein musstest ... ... vielleicht als kleines Kind schon, weil es schon damals erforderlich war, stark zu sein ... ... weil niemand da war, der für dich stark gewesen wäre, als du es gebraucht hättest ... ... Vielleicht hast du als Kind versucht, einen schweren Gegenstand hoch zu heben und warst dabei ganz schön stark ... ... vielleicht hast du auch versucht, deine Tränen zurückzuhalten und musstest dabei sehr stark sein, um das zu schaffen ... ... Ganz von alleine steigen Bilder der Vergangenheit auf, die dir zeigen, wann und wo du stark sein musstest, in scheinbar belanglosen Situationen und in schwierigen und wichtigen Situationen deines Lebens als Kind ... ... auch als Jugendliche/r ... ... und als Erwachsene/r ... ... Oft musstest du stark sein, weil es anders nicht ging … … Dann hast du es auch immer wieder geschafft … … So ist deine heutige Stärke entstanden, die Stärke, die dir eben auch hilft, dich selbst zu befreien und dein inneres Kind und dich als erwachsene Person zu lieben und zu befreien von den Dämonen der Vergangenheit … … Dann führt dich dein inneres Kind zu der zweiten Kugel und stellt sie dir als Kugel des Überwindens vor … … Vieles hast du überwunden in deinem Leben, manche Grenze durchbrochen … … Vielleicht bist du als Kind einmal über eine Mauer geklettert oder auf einen Baum und hast damit eine Grenze überwunden … … Doch es gab auch die inneren Grenzen, die du überwunden hast … … Oft musstest du mit Angst leben und trotzdem durchhalten … … irgendwie weiter machen … … Dann hast du es geschafft, bist durchs Leben gekommen … … mit Höhen und Tiefen … … vielleicht mit Siegen und Niederlagen, doch du hast dich immer wieder selbst überwunden, hast weiter gemacht … … Das hat dich auch traurig gemacht, manchmal auch zornig … … Du hast dir oft gewünscht, es möge anders gewesen sein in der Vergangenheit … … Dieser Wunsch ist nicht erfüllbar … … Du musst auch ihn überwinden, so wie du schon so vieles überwunden hast … … Deine eigene Erfahrung hilft dir dabei, die Erfahrung, die du in dieser Kugel findest, jetzt zu nutzen, denn du kannst es

… … Du kannst überwinden … … Dein inneres Kind führt dich schließlich zur dritten Kugel und erklärt dir, dass dies die Kugel des Loslassens ist … … So vieles musstest du loslassen in deinem Leben … … schon in deiner Kindheit und dein ganzes Leben hindurch … … Manches ging verloren, du konntest es nicht wieder finden … … Spielzeuge sind kaputt gegangen und du musstest sie loslassen … … Freundschaften sind zerbrochen oder konnten nicht mehr fortgesetzt werden … … so musstest du loslassen … … Das war oft schwer und mit Schmerzen verbunden … … mit Trauer und Sehnsucht … … doch du hast es geschafft, hast losgelassen … … Beziehungen sind vielleicht auseinander gegangen, die dir wichtig waren … … vielleicht auch sind Menschen gestorben, die du geliebt hast … … Dann musstest du wieder loslassen … … Es ist dir immer wieder gelungen, du kannst es also … … Du kannst loslassen … … Manches hast du auch festgehalten, obwohl es gar nicht möglich war … … Du hast dann an der Sehnsucht festgehalten … … an dem Wunsch danach, dass alles noch einmal geschehen könnte, doch anders laufen soll … … vielleicht auch manchmal an dem Wunsch nach Vergeltung und Rache festgehalten, nach Wiedergutmachungen, die nicht möglich ist … … denn alles, was bereits geschehen ist, kann nicht mehr verändert werden … …

Doch du hast die Kraft des Loslassens, die dich befreien kann von alten Lasten ... ... Du gehst mit deinem inneren Kind gemeinsam zum Rand des Kornfeldes und denkst darüber nach, dass du die alten Gedanken und Sehnsüchte, die Wünsche nach Rache und Vergeltung sowie den Wunsch nach Wiedergutmachung loslassen kannst ... ... Hier ist es möglich, denn hier liegt auch deine Kraft ... ... im Land der Träume, dem Land deiner Gefühle und dem Land, in dem dein inneres Kind auf die Befreiung wartet, damit es wachsen kann ... ... damit es groß und erwachsen sein darf, genau so wie du ... ... Dann denkst du darüber nach, dass das Land der Träume ganz tief in dir drin ist ... ... Dort war es schon immer ... ... Ich erzähle dir nur davon ... ...

[Schenke dir selbst noch einen Augenblick der Achtsamkeit und Stille und spüre in dich hinein. Lass die Bilder und Gedanken einfach mit jedem Atemzug blasser werden, bis sie dann im Wind deines Atems vergehen. Werde dir deines Körpers bewusst und schenke ihm Achtsamkeit. Spüre mit deinen Sinnen in deine Umgebung hinein und stell dich darauf ein, mit dem Gefühl der Verbundenheit mit dir selbst wach zu werden. Dein Körper will sich bewegen und dein Geist wird wieder wach. Du öffnest die Augen und bist wach!]

Frieden mit dem inneren Kind

[Inneren Frieden zu finden ist oft schwieriger als Frieden im Äußeren. Denn der innere Frieden ist nicht einfach Frieden mit der Vergangenheit und Versöhnung mit den Ereignissen des Lebens. Innerer Frieden ist Versöhnung mit uns selbst. Uns selbst zu vergeben, uns selbst von Schuld und schlechtem Gewissen zu befreien, ist meist die schwierigste Aufgabe, wenn es um die Bewältigung des Vergangenen geht. Wenn du dir vorstellst, dass es in dir ein inneres Kind gibt, das für all das steht, was dich an der Vergangenheit festhalten lässt, dann kannst du versuchen, mit diesem inneren Kind Frieden zu machen und damit Frieden mit dir selbst.]

Lass deinem Atem in aller Ruhe fließen und spüre die angenehme Entspannung beim Ausatmen ... ... Fantasie kennt keine Grenzen, sie kann dich an jeden Ort der Welt führen, wo auch immer du hin gehen möchtest ... ... Dafür genügt die Dauer eines einzigen Atemzugs ... ... So bringt dich dein Atem an einen Ort, der weit entfernt von allen Dingen da draußen existiert, doch näher ist als irgend etwas anderes auf dieser Welt sein könnte ... ... ein Ort ganz tief in dir selbst, an dem alles möglich ist, was du denken kannst ... ... Du gehst in das Land der Träume ... ...

Du stehst auf einer Hochebene und bereitest dich auf einen inneren Friedensmarsch vor … … Du willst das Kämpfen und den alten Zorn beenden … … Du weißt, dass du das Geschehene akzeptieren musst, nicht um es gut zu heißen oder gar zu entschuldigen, sondern als Teil deiner Geschichte … … eine andere hast du nicht … … Du hast vielleicht in deinem Leben dafür gesorgt, dass vieles, was du erleben oder erdulden oder auch erleiden musstest, nicht wieder geschehen mag … … hast dich geschützt durch Abgrenzung oder durch Handlungen, die deine heutige Stärke oder Macht demonstrieren … … doch heute kommt es darauf an, Frieden zu machen mit den Anteilen in dir, die noch nicht loslassen konnten, um frei zu werden von Zorn und Vergeltungswünschen … … wem auch immer diese Gefühle gelten … … vor allem aber um frei zu werden von den Vorwürfen und dem schlechten Gewissen dir selbst gegenüber … …

… … Du beginnst deinen Ostermarsch des inneren Friedens und gehst dabei in das tiefe Tal der Stille … … Schritt für Schritt, wie über eine große Treppe führt dein Marsch über die Ebenen, die in das Tal führen … … Auf der oberen Ebene begegnet dir dein inneres Kind … … *ein kleiner Junge/ein kleines Mädchen [Bitte dem Geschlecht des Zuhörers anpassen], der/das* hier auf dich wartet … … Du erkennst dich selbst in diesem Kind, da es

dein Gesicht hat … … Es sieht so aus wie du damals ausgesehen hast … … Die Kleider des Kindes sind zerschlissen, seine Hände sind schmutzig und es hat so manche Schramme im Gesicht von den vielen Kämpfen und von dem Leiden …
… So oft in deinem Leben hast du an den schlimmen und schwierigen Ereignissen deiner Vergangenheit festgehalten, hast versucht, dagegen anzukämpfen, auch wenn es schon gar nicht mehr möglich war … … Der Teil von dir, der dann in der Vergangenheit geblieben ist, um weiter zu kämpfen, hat als das innere Kind für dich hier ausgeharrt und durchgehalten, hat diese Schrammen und Schwielen vom ständigen Kämpfen und ist müde geworden … … Das Kind begleitet dich also, um durch deinen Friedensmarsch befreit zu werden … … um mit dir gemeinsam und für dich frei zu werden … … um nicht mehr kämpfen zu müssen … …

… … Auf der nächsten Ebene auf dem Weg ins Tal machst du Frieden mit dem Wunsch nach Vergeltung und Rache … … Diese Wünsche sind menschlich und sie mussten entstehen, denn das erlittene Unrecht und das damit verbundene Leiden waren zu viel … … Heute ist dieser Wunsch nicht mehr nötig, denn du bist dieser alten Zeit entwachsen, hast sie überstanden und kannst frei davon werden … … auch ohne Rache kannst du frei werden … … du machst Frieden

… … hier und heute verzichtest du auf Rache und Vergeltung so gut und so weit es schon geht … … Auch dein inneres Kind macht Frieden und zum Zeichen eures Friedens pflückst du eine rote Rose auf dieser Ebene und nimmst sie mit … … Auf der nächsten Ebene machst du Frieden mit dem Wunsch nach Wiedergutmachung … … So lange hast du dir gewünscht, dass es einen Ausgleich für dich geben müsste … … einen Ausgleich für dein Leiden und für deinen Schmerz … … doch wie könnte dieser Ausgleich aussehen? … … Was auch immer dir heute Gutes widerfahren könnte, es würde das Leiden von damals nicht mehr ändern können … … Vielleicht würde es deinen Zorn besänftigen können, doch das Leiden der Vergangenheit kann sich nicht mehr verändern … … Es ist bereits geschehen … … Wiedergutmachung wäre also nur möglich, wenn du in die Vergangenheit gehen könntest um alles zu ändern … … um dein Leben oder Teile davon, die bereits geschehen sind, zu verändern … … Du weißt, dass das nicht möglich ist … … Ab heute kann alles anders werden, doch nicht das bereits Geschehene … … Du versuchst das anzunehmen und zu akzeptieren und machst deinen Frieden mit dem Wunsch nach Wiedergutmachung … … Auch dein inneres Kind macht Frieden und zum Zeichen eures Friedens pflückst du eine weitere rote Rose auf dieser Ebene und nimmst sie mit … … Auf der nächsten Ebene machst du Frieden mit deinen Schuldgefühlen … … Du erkennst, dass du nicht alles alleine verantworten kannst … … Viel zu oft hast du dir selbst die Schuld gegeben … … hast geglaubt, dass du selbst das Leiden produziert hast oder du hast geglaubt, dass du es nicht besser verdient hättest … … Doch das Kind, das dich begleitet, hat all das Leiden nicht verdient … … es hat Ruhe und Frieden verdient … … Du hast Ruhe und Frieden verdient, denn du bist dieses kämpfende Kind, das so müde geworden ist … … Du versuchst heute auf deinem Friedensmarsch nachsichtig mit dir selbst umzugehen … … dir selbst ein großzügiger und liebender Freund zu sein … … dir selbst zu vergeben, was auch immer du dir vorwerfen magst … … und wenn dir das noch zu schwer fallen mag, dann verzeih einfach dem Kind an deiner Seite … … vielleicht hast du überhaupt keine Vorwürfe ihm gegenüber … … vielleicht kannst du das Kind von aller Schuld frei sprechen … … Dann sprich es frei von Schuld und werde dir bewusst, dass du dieses Kind bist … … Du machst also Frieden mit deinen Schuldgefühlen und mit deinem schlechten Gewissen … … Auch dein inneres Kind macht Frieden und zum Zeichen eures Friedens pflückst du eine rote Rose auf dieser Ebene und nimmst sie mit … … Du kommst im

Tal der Stille an und fühlst dich frei und leicht …
… Du wanderst durch das Tal und trägst die roten Rosen als Zeichen des Friedens mit dir …
… Am Ende des Tales entdeckst du einen schmalen Pfad, der wieder nach oben führt … … Du folgst dem Pfad bis du auf einer Hochebene in der Sonne stehst … … An deiner Seite steht eine erwachsene Person, die genau so aussieht wie du … … Dein inneres Kind ist erwachsen und steht lächelnd, mit sauberer Kleidung neben dir, die Schrammen in seinem Gesicht sind verschwunden … … Du schenkst ihm die roten Rosen zum Zeichen des Friedens … … … … Dann denkst du darüber nach, dass das Land der Träume ganz tief in dir drin ist … … Dort war es schon immer … … Ich erzähle dir nur davon … …

[Schenke dir selbst noch einen Augenblick der Achtsamkeit und Stille und spüre in dich hinein. Lass die Bilder und Gedanken einfach mit jedem Atemzug blasser werden, bis sie dann im Wind deines Atems vergehen. Werde dir deines Körpers bewusst und schenke ihm Achtsamkeit. Spüre mit deinen Sinnen in deine Umgebung hinein und stell dich darauf ein, mit dem Gefühl der Verbundenheit mit dir selbst wach zu werden. Dein Körper will sich bewegen und dein Geist wird wieder wach. Du öffnest die Augen und bist wach!]

Der Weg der Versöhnung

[Manchmal lehnen wir uns selbst ab oder zumindest einige Eigenschaften oder Eigenarten. Oftmals auch Gedanken und Wünsche aus unseren Kindertagen. Wir bezeichnen sie im Nachhinein als dumme Kindergedanken oder kindhafte Spinnerei. Du kennst das und du weißt, dass mancher Kinderwunsch auch sehr wichtig war. Vielleicht nicht die Erfüllung doch das Gefühl, das in dem Wunsch verborgen war. Manchmal konntest du dich selbst nicht ertragen in der Vergangenheit und vielleicht auch heute. Doch du wünschst dir auch Frieden und Leichtigkeit. Versöhnung mit dir selbst. Heute kannst du den Weg der Versöhnung gehen.]

Lass deinem Atem in aller Ruhe fließen und spüre die angenehme Entspannung beim Ausatmen ... ... Fantasie kennt keine Grenzen, sie kann dich an jeden Ort der Welt führen, wo auch immer du hin gehen möchtest ... ... Dafür genügt die Dauer eines einzigen Atemzugs ... ... So bringt dich dein Atem an einen Ort, der weit entfernt von allen Dingen da draußen existiert, doch näher ist als irgend etwas anderes auf dieser Welt sein könnte ... ... ein Ort ganz tief in dir selbst, an dem alles möglich ist, was du denken kannst ... ... Du gehst in das Land der Träume ... ...

Du stehst auf der Straße des Lebens und drehst dich um … … Du willst heute nicht nach vorne gehen, sondern einen Besuch in der Vergangenheit machen … … Vergangenes ist vorüber und kann nicht mehr geändert werden … … doch du kannst von deiner Vergangenheit lernen … … Du hast immer von den Ereignissen und Erlebnissen deines Lebens gelernt, doch manchmal auch hast du versucht, das eine oder andere so schnell wie möglich zu vergessen oder zu verdrängen … … hast dich mit Dingen, die dich sehr verletzt haben oder stark gefordert haben, dir Kraft geraubt haben, nicht mehr befasst … … hast versucht, sie abzuhaken und weiter zu gehen auf der Straße deines Lebens … … manchmal ist es dir gelungen und dann war es wie eine Befreiung … … manchmal aber hattest du die Dinge noch nicht verstanden, hattest die Erfahrung noch nicht richtig verarbeitet und bist dennoch weiter gegangen … … Dann konnte es nicht anders sein, denn nicht immer haben wir genug Kraft oder Zeit, uns mit den Ereignissen des Lebens auseinander zu setzen … … oftmals erscheint uns das auch zu schmerzhaft … … und manchmal fehlt uns auch der Mut oder die Hoffnung … … Heute ist das einfacher … … Heute kannst du im Land der Träume der Vergangenheit einen Besuch abstatten … … um noch einmal von ihr zu lernen, doch anders als damals …

… Damals hattest du gelernt, verbittert zu sein und Teile von dir selbst abzulehnen … … hast deine eigenen Wünsche und Sehnsüchte verdrängt … … sie vielleicht abgetan als Kinderwunsch oder Flausen in deinem Kopf … … Du drehst dich also um auf der Straße des Lebens und gehst in die Vergangenheit … … auf der Suche nach den Anteilen deiner selbst, die du einst abgelehnt hast … … Diese Anteile sind dennoch in dir, du konntest sie nicht für immer verbannen … … doch das ist gut so, denn so ist es auch möglich, die einst so ungeliebten Anteile deiner selbst heute wieder zu finden … … Das ist ganz leicht … … Sie finden dich … … Als Kind in dir warten all diese Anteile im Land der Träume auf deinen Besuch … … ohne Zorn und ohne Wut … … Dein inneres Kind hat auf dich gewartet bis die Zeit reif sein würde, dich mit all dem, was du an dir abgelehnt hast oder immer noch ablehnst, zu versöhnen … … Die Zeit ist nun reif … … Der eine Augenblick ist gekommen … … Heute kannst du dich mit dir selbst versöhnen … … Dazu gehst du auf der Straße des Lebens in die Vergangenheit … … und am Straßenrand stehen silberne Spiegel, immer wieder kannst du in einen Spiegel blicken und dich selbst betrachten … … Du siehst dein Spiegelbild … … und von Spiegel zu Spiegel wird dein Spiegelbild jünger, denn du gehst tatsächlich in die

Vergangenheit ... ... Vielleicht ändert sich zuerst deine Frisur ... ... oder die Länge deiner Haare ... ... Die Kleidung verändert sich ... ... Du erkennst die Mode einer früheren Zeit ... ... Spiegel um Spiegel wirst du jünger ... ... um Jahre jünger ... ... Vielleicht wirst du schon bald auch dünner, weil du früher einmal schlanker warst ... ... oder aber du wirst dicker in den Spiegeln, weil du früher mehr Gewicht hattest ... ... und irgendwann wirst du auch kleiner, weil du sehr jung wirst und in die Spiegel der Kindertage blickst ... ... Es gab eine Zeit in deiner Kindheit, als du am allermeisten von dir selbst ablehnen musstest ... ... dich von dir selbst distanziert hattest ... ... deine eigenen Gefühle nicht zum Ausdruck bringen konntest, weil niemand da war, der sie hören wollte oder konnte ... ... vielleicht auch weil du andere schonen wolltest und dachtest, du wärst zu viel für sie ... ... Du näherst dich dieser Zeit in deinen Kindertagen ... ... dieser Zeit, in der du einfach nicht du selbst sein durftest ... ... Du konntest nur in deinem Inneren du selbst sein, doch mit der Zeit hat sich auch dein Inneres verändert, weil du es nicht mehr ertragen konntest, für das was du selbst warst und bist, abgelehnt zu werden ... ... Du hast selbst angefangen, dich abzulehnen ... ... Du hast deine eigenen Gefühle verleugnet ... ... Es ging nicht anders damals ... ... Du musstest das tun, um zu überleben … … um emotional zu überleben … … So hast du vieles von dem, was du wirklich warst und wie du wirklich gefühlt hast, abgelehnt und verurteilt … … doch das war nicht wirklich dein eigenes Urteil, das hast du nur geglaubt und vielleicht glaubst du bis heute, dass du vieles an dir ablehnst … … dich über dich selbst oft ärgerst … … Doch ist das immer noch das Echo der damaligen Zeit … … Es sind immer noch die Anforderungen von damals, anders zu fühlen und zu denken als du es eigentlich tust … … Du näherst dich dieser Zeit … … als alles begann … … Du kommst an dem richtigen Spiegel an … … Du siehst dich selbst als Kind im Spiegel … … Du erkennst dich selbst in deiner Kinderzeit … … Und mit einem großen Schritt gehst du in diesen Spiegel hinein, der zur Eingangstür in deine Kinderzeit wird … … Du stehst dort neben dir als Kind und siehst Bilder aus der früheren Zeit … … Du siehst die Umgebung, in der du gelebt hast … … die Menschen, mit denen du zu tun hattest … … und das alte Gefühl kommt wieder … … Du spürst wieder wie es sich angefühlt hat … … auf dich alleine gestellt … … Niemand war da, um dir in deiner Not zu helfen … … niemand, der dir gesagt hat, dass du in Ordnung bist … … niemand, der dir gesagt hat, dass er dich liebt … … Doch du spürst die Hoffnung, die du lange hattest … …

die Sehnsucht, doch endlich gesehen zu werden ... ... endlich geliebt zu werden ... ... Doch es kam anders ... ... Dann nimmst du dich selbst als Kind in den Arm, drückst dich und hältst dich fest ... ... Du schenkst jetzt diesem Kind, das du selbst bist, so viel Liebe und Achtsamkeit wie möglich ... ... Du sagst dem Kind in dir, dass es in Ordnung ist, du sagst ihm, dass du es liebst ... ... Du machst Frieden mit deinem inneren Kind ... ... Frieden mit dir selbst im Land der Träume und auch in deinem wachen Alltag ... ... Heute schon oder Morgen oder an jedem Tag ein kleines Stück ... ... Du machst dir noch einmal klar, dass das Land der Träume ganz tief in dir drin ist ... ... Dort war es schon immer ... ... Ich erzähle dir nur davon ... ...

[Schenke dir selbst noch einen Augenblick der Achtsamkeit und Stille und spüre in dich hinein. Lass die Bilder und Gedanken einfach mit jedem Atemzug blasser werden, bis sie dann im Wind deines Atems vergehen. Werde dir deines Körpers bewusst und schenke ihm Achtsamkeit. Spüre mit deinen Sinnen in deine Umgebung hinein und stell dich darauf ein, mit dem Gefühl der Verbundenheit mit dir selbst wach zu werden. Dein Körper will sich bewegen und dein Geist wird wieder wach. Du öffnest die Augen und bist wach!]

Frieden mit Dir

[Du hast schon versucht, Frieden mit dir selbst zu schließen, dir selbst alles zu vergeben und zu verzeihen, was du dir vorwirfst. Doch dann kommt wieder der Gedanke, dass du alles hättest besser machen können oder sollen. Anderen kannst du wahrscheinlich besser vergeben oder anderen gegenüber zumindest nachsichtiger sein als dir selbst gegenüber. Vielleicht bräuchtest du jemanden, der dir sagt, dass du in Ordnung bist und zwar genau so wie du bist. Vielleicht bräuchtest du heute jemanden, der dir sagt, dass er dir vergibt, weil es nichts zu vergeben gibt.]

Lass deinem Atem in aller Ruhe fließen und spüre die angenehme Entspannung beim Ausatmen … … Fantasie kennt keine Grenzen, sie kann dich an jeden Ort der Welt führen, wo auch immer du hin gehen möchtest … … Dafür genügt die Dauer eines einzigen Atemzugs … … So bringt dich dein Atem an einen Ort, der weit entfernt von allen Dingen da draußen existiert, doch näher ist als irgend etwas anderes auf dieser Welt sein könnte … … ein Ort ganz tief in dir selbst, an dem alles möglich ist, was du denken kannst … … Du gehst in das Land der Träume … …

Du willst heute noch einmal deinem inneren Kind begegnen, willst ihm sagen, dass alles anders werden kann … … Du hattest oft das Gefühl, dass du dir selbst nicht vergeben kannst … … Wenn du dir überlegst, was du dir vorwirfst, kannst du schnell erkennen, dass du sehr viel von dir selbst verlangt hast all die Jahre hindurch … … So können wir auch sagen, dass Perfektionismus dich getrieben hat, auch wenn du vielleicht sagen würdest, dass du alles andere als perfekt sein konntest … … Doch die Anforderungen, die du an dich selbst gestellt hast, hätten nur mit absoluter Disziplin und mit perfekten Fähigkeiten erfüllt werden können … … niemand hätte erfüllen können, was du von dir selbst verlangt hast … … und du hättest es von keinem anderen wirklich gefordert als eben von dir selbst … … Du stehst mit dem Füßen im Sand … … Dein Blick geht hinaus aufs offene Meer und du siehst den Wellen zu … … Der Wind treibt sie über das Wasser, lässt sie aufkommen und vergehen … … und deine Gedanken beginnen zu wandern … … Du denkst zurück an all das, was dir in deinem Leben nicht gelungen ist … … oder sagen wir besser an all das, was dir nicht so gut gelungen ist wie du es von dir selbst verlangt und erwartet hattest … … was auch immer das war … … Du hast dich selbst immer wieder angeklagt, wenn du ein Ziel nicht erreichen konntest … … wenn du etwas nicht geschafft hast oder nicht so schnell oder so gründlich oder so gut wie du es eigentlich wolltest … … Dann hattest du Schuldgefühle und ein schlechtes Gewissen … … immer wieder … … Doch da war auch der Wunsch nach Freiheit und Unbeschwertheit … … nach kindlicher Fröhlichkeit und Unbefangenheit … … Doch diese Wünsche und Bestrebungen musstest du immer wieder verdrängen oder zurück stellen … … Dann hast du sie so lange zurück gestellt bis du sie wieder vergessen hattest … … Du dachtest, du müsstest immer funktionieren wie ein Uhrwerk … … dürftest diese Wünsche nach Unbefangenheit und Fröhlichkeit nicht mehr haben … … Du hast sie der Kinderzeit zugeordnet, doch auch damals war es meistens nur der Wunsch, so zu sein und zu fühlen … … auch damals war es nicht immer möglich, vielleicht sogar nur ganz selten … … Nun hast du dir so lange Vorwürfe gemacht, dass du dir heute wahrscheinlich auch wieder Vorwürfe machst … … Vielleicht denkst du heute, das hätte so nicht passieren dürfen, du hättest deine tiefen Bestrebungen umsetzen können … … So nimmst du dich auch heute wieder in die Pflicht und verbietest dir, so zu fühlen wie du fühlst und so zu sein wie du tief im Inneren bist … … Doch dass all das so gekommen ist, kannst du nicht mehr ändern für die Vergangen-

heit, doch du kannst ändern, was heute ist ... ...
Du kannst heute die Befreiung finden ... ... Vielleicht brauchst du etwas Hilfe im Land der Träume ... ... Dann hörst du leise Schritte im Sand ... ... Es ist dein inneres Kind, das sich dir nähert, um dir heute zu helfen ... ... Das Kind, das so aussieht wie du selbst als Kind ausgesehen hast, nimmt deine Hand und lächelt dich an ... ... Dann sagt es „Sei unbesorgt ... ... Du bist bei mir und das warst du immer ... ... und ich war immer bei dir" ... ... Dann wird dir klar, dass du nicht immer auf deine innere Stimme und deine tiefen Wünsche hören konntest ... ... Du warst lange Zeit damit beschäftigt, in deiner Welt zurecht zu kommen und dabei warst du so oft alleine ... ... als Kind schon musstest du dich emotional alleine durchschlagen ... ... Ihr musstet es beide, das innere Kind und du ... ... Doch in all de Jahren habt ihr euch nicht wirklich verloren ... ... denn alles, was zu deinem Leben gehört ... ... alles, was jemals geschehen ist und was du je gefühlt hast, ist immer noch tief in dir zu finden ... ... All das steht als dein inneres Kind neben dir und schaut mit dir gemeinsam aufs offene Meer ... ...

... ... Dann bedankt sich dein inneres Kind bei dir ... ... es bedankt sich bei dir dafür, dass du es nicht ausgelöscht hast ... ... dass du es nicht verjagt hast ... ... nicht verbannt hast ... ... nicht in deinem Herzen getötet hast ... ... Vielleicht dachtest du ja, dass du das getan hättest, doch du siehst hier im Land der Träume, dass es nicht so war ... ... Du hast dein inneres Kind vor langer Zeit ganz tief in die Welt deiner Gefühle geschickt ... ... in das Land der Träume ... ... Dort konnte es auf dich warten ... ... all die Jahre hindurch, die für dein inneres Kind wie im Fluge vergangen sind ... ... denn Zeit spielt keine Rolle in der Welt deiner Gefühle und Stimmungen ... ... in der Welt deiner Kreativität und Fantasie ... ... Zeit spielt keine Rolle im Land deiner Träume ... ... Hier geschieht alles in nur einem einzigen Augenblick ... ... im Augenblick der Gegenwart, der zu jeder Zeit existiert ... ... eine andere Zeit gibt es nicht ... ... Vergangenheit ist längst vorüber ... ... Erinnerungen sind nur Vorstellungen von dem, was einst gewesen ist ... ... die Zukunft beginnt mit dem nächsten Wimpernschlag irgendwo am Horizont ... ... Doch du lebst immer nur in deiner Gegenwart, in der einzigen Zeit, in der du wirklich sein kannst ... ... Dort war auch dein inneres Kind ... ... Dort war es immer und ist es auch heute ... ... Es freut sich, dass du ihm diese Möglichkeit des Überlebens gegeben hast ... ... So könnt ihr beide hier sein ... ... in genau diesem Augenblick ... ... und gemeinsam den Wellen zusehen ... ... Dann setzt ihr euch in den warmen Sand und seid einfach nur beieinander … … nichts ist jetzt wichtig … … auf überhaupt nichts kommt es jetzt an, denn ihr seid beide hier … … im Augenblick der Gegenwart … … Das ist genug … … Das ist mehr als genug … … Dein inneres Kind macht Frieden mit dir … … es vergibt dir all das, was du dir selbst vorwirfst, denn das Kind hat dir niemals etwas vorgeworfen … … Es hat in Liebe auf dich gewartet … … und schenkt dir diese Liebe jetzt … … So gelingt es auch dir, Liebe zu spüren für das innere Kind und damit auch für dich selbst … … Liebe von dir für dich … … Liebe von dir für dich … … Du denkst darüber nach, dass das Land der Träume tief in dir drin ist … … Dort war es schon immer … … Ich erzähle dir nur davon … …

[Schenke dir selbst noch einen Augenblick der Achtsamkeit und Stille und spüre in dich hinein. Lass die Bilder und Gedanken einfach mit jedem Atemzug blasser werden, bis sie dann im Wind deines Atems vergehen. Werde dir deines Körpers bewusst und schenke ihm Achtsamkeit. Spüre mit deinen Sinnen in deine Umgebung hinein und stell dich darauf ein, mit dem Gefühl der Verbundenheit mit dir selbst wach zu werden. Dein Körper will sich bewegen und dein Geist wird wieder wach. Du öffnest die Augen und bist wach!]

Die Kutsche der Freiheit

[Du bist es gewöhnt, dein Leben zu steuern und zu lenken, Verantwortung für das zu übernehmen, was du tust und wie du handelst. Das ist nicht immer leicht. Manchmal geschehen auch Ereignisse, die dir zeigen, dass du nicht alles im Leben selbst steuern kannst. Du magst es Zufall oder Schicksal nennen. Doch auch dann schaust du nicht einfach zu, sondern reagierst auf die Ereignisse um dich herum. Dabei lässt du dich von deinem Verstand leiten, vielleicht auch manchmal von deinem Bauchgefühl. Heute lässt du dich einmal von deinem inneren Kind führen. Auch das ist ein Teil von dir, der den Weg kennt.]

Lass deinem Atem in aller Ruhe fließen und spüre die angenehme Entspannung beim Ausatmen … … Fantasie kennt keine Grenzen, sie kann dich an jeden Ort der Welt führen, wo auch immer du hin gehen möchtest … … Dafür genügt die Dauer eines einzigen Atemzugs … … So bringt dich dein Atem an einen Ort, der weit entfernt von allen Dingen da draußen existiert, doch näher ist als irgend etwas anderes auf dieser Welt sein könnte … … ein Ort ganz tief in dir selbst, an dem alles möglich ist, was du denken kannst … … Du gehst in das Land der Träume … …

Du stehst auf einer Hochebene, von der aus du das ganze Traumland überblicken kannst … … Du siehst Berge und Täler … … Wiesen und Wälder … … Flüsse und Seen … … blühende Landschaften und intensive Farben … … und die Luft um dich herum ist kühl und frisch … … Du atmest tief ein und nimmst mit diesem Atemzug frischen Sauerstoff auf, der dir Kraft gibt … … Das Wetter ist wunderschön … … die Sonne scheint … … der Tag lädt dich zu einem Spaziergang oder zu einer Wanderung ein … … Du kannst heute die Natur genießen und das Land der Träume erkunden … …

… … Dann entdeckst du eine Weide mit Pferden … … und mitten auf dieser Weide steht eine Kutsche … … Du beschließt, dorthin zu gehen … … Es gibt keinen Zaun, den du überwinden müsstest … … Du brauchst einfach nur zu der Kutsche zu gehen … … Es sind bereits Pferde eingespannt … … Die Kutsche steht dort zur Abfahrt bereit … … Du kommst an der Kutsche an … … Sie sieht neu aus … … Sie ist aus edlem Holz gefertigt … … an der Seite gibt es einen goldenen Schriftzug … … Dort steht: *Kutsche der inneren Freiheit* … … Sie steht hier für dich … … Du kannst heute mit dieser Kutsche der inneren Freiheit das Land der Träume erkunden … … Du steigst also auf … … nimmst die Zügel in die Hand und die Fahrt beginnt … … Die Pferde laufen los ... ... Du genießt die gemütliche Fahrt mit der Kutsche ... ... Du kommst an einer Plantage vorbei mit Bäumen, an denen reife Früchte hängen ... ... Äpfel und Birnen ... ... Apfelsinen und Pfirsiche ... ... Es duftet nach reifen Früchten ... ... eine herrliche Fahrt an einem Sommertag ... ... Da entdeckst du eine kleine Gestalt am Wegesrand zwischen den Bäumen ... ... ein Kind steht dort am Weg ... ... und ganz von selbst werden die Pferde langsamer ... ... Sie bleiben stehen, die Kutsche hält an ... ... Das Kind am Wegesrand soll heute dein Fahrgast sein ... ... Du erkennst es, weißt wer es ist ... ... Du hast diesen *kleinen Jungen/dieses kleine Mädchen [Bitte dem Geschlecht des Zuhörers anpassen]* schon getroffen im Land der Träume ... ... Es ist das Kind, das genau so aussieht wie du ... ... das Kind, das du selbst bist ... ... dein inneres Kind ... ... Es hat hier gewartet, weil es wusste, dass dein Weg hier vorbei führen wird ... ... es wusste, dass die Fahrt der inneren Freiheit nicht ohne es stattfinden würde ... ... nur gemeinsam wird es wirklich eine Freiheitsfahrt werden ... ... für euch beide ... ... für das Kind und für dich ... ... Du reichst deinem inneren Kind die Hand ... ... Du hilfst *dem kleinen Jungen/dem kleinen Mädchen* einzusteigen ... ... Dann sitzt das Kind neben dir in der Kutsche der inneren Freiheit ... ... und das Kind darf die Zügel halten und die Kutsche lenken … … Es vertraut dir und auch du vertraust dem Kind in dir, denn du weißt, dass seine Gefühle deine Gefühle sind … … du weißt, dass seine Ziele deine Ziele sind … … du weißt, dass seine Freiheit deine Freiheit ist … … Also hält das Kind heute die Zügel und treibt die Pferde an … … Dann geht die Fahrt auch schon los … … schneller als vorher … … Die Pferde laufen so schnell sie können … … Die Kutsche der inneren Freiheit fährt in schnellem Tempo durch das Land der Träume … … sicher und stabil … … und das Kind schaut dich fragend an und sagt „Was wird sein, wenn ich die Kutsche in den Graben lenke? Werde ich dich dann wieder sehen oder gehst du für immer fort?" und du sagst „Nein, ich bleibe bei dir. Ich bleibe solange du mich brauchst und ziehe die Kutsche mit dir gemeinsam aus dem Graben" … …

… … Dann spürst du die Hoffnung des Kindes … … das Vertrauen und die Zuversicht … … Es treibt die Pferde weiter an, denn es weiß, dass du da bist, um alles gut werden zu lassen … … Die Pferde laufen schließlich in die Luft wie auf einer unsichtbaren Treppe … … federleicht fliegt die Kutsche der inneren Freiheit über das Land der Träume … … gezogen von den Pferden, die unermüdlich für dich laufen … … Schritt für Schritt … … für deine Freiheit … … Du schaust nach unten und siehst die wunderschöne Landschaft unter dir … … die Bäume mit den reifen Früchten … … Die Berge und Täler des Traumlandes … … die Wiesen und Wälder … … die Flüsse und Seen … … hier oben spürst du die Freiheit ganz intensiv … … hier fühlst du dich so unbeschwert und frei wie nie zuvor … … und auch das Kind fühlt diese Leichtigkeit in dir … … von hier oben aus wird alles klein und unscheinbar … … jeder Schmerz und jedes Leid … … alle Sorgen und Beklemmungen werden klein und unwichtig … … Hier kommt es nur auf dich und dein inneres Kind an … … Hier kommt es nur auf dich und deine innere Freiheit an … … Sie beginnt hier und heute … … du spürst sie im Land der Träume und damit auch tief in dir drin … … in der Welt deiner Gefühle und Stimmungen … … in der Welt deiner Kreativität und Fantasie … … in deiner Fantasie geschieht all das ganz leicht … … hier kannst du deinem inneren Kind begegnen, so wie es heute geschieht … … hier kannst du die Freiheit spüren, so wie du sie jetzt spürst … … hier kannst du fliegen … … Hier im Land der Träume ist alles möglich, was du denken kannst … … Vielleicht denkst du, das wäre alles nur Fantasie … … und die Befreiung in deinem Leben wäre schwieriger als hier im Land der Träume … … vielleicht aber beginnt die große Befreiung deines Lebens gerade jetzt … … in genau diesem Augenblick … … in deiner

Fantasie? ... ... Vielleicht ... ... Doch Fantasie und Wirklichkeit liegen ganz nah beieinander ... ... Sie sind nur einen Wimpernschlag voneinander entfernt ... ... So kann schon im nächsten Augenblick, mit dem nächsten Wimpernschlag, jede Fantasie zur Wahrheit werden ... ... zuerst im Land der Träume und dann überall in deinem wachen Alltag ... ... Vielleicht war der Augenblick dieses Wimpernschlages gerade jetzt ... ... vor einer Sekunde ... ... Dann fährst du mit der Kutsche der Freiheit der Sonne entgegen ... ... dein inneres Kind sitzt neben dir, fest an dich gelehnt ... ... Du denkst darüber nach, dass das Land der Träume ganz tief in dir drin ist ... ... Dort war es schon immer ... ... Ich erzähle dir nur davon ... ...

[Schenke dir selbst noch einen Augenblick der Achtsamkeit und Stille und spüre in dich hinein. Lass die Bilder und Gedanken einfach mit jedem Atemzug blasser werden, bis sie dann im Wind deines Atems vergehen. Werde dir deines Körpers bewusst und schenke ihm Achtsamkeit. Spüre mit deinen Sinnen in deine Umgebung hinein und stell dich darauf ein, mit dem Gefühl der Verbundenheit mit dir selbst wach zu werden. Dein Körper will sich bewegen und dein Geist wird wieder wach. Du öffnest die Augen und bist wach!]

Das Lied der glücklichen Kinder

[Wir beschäftigen uns oft mit der Vergangenheit, weil es uns so unglaublich schwer fällt, sie anzunehmen, sie zu akzeptieren als unsere Geschichte. Wir behaupten dann gerne, dass wir die Vergangenheit aufarbeiten, doch in vielen Fällen ist es dann doch so, dass wir nur daran festhalten, uns immer wieder mit ihr befassen, damit wir sie nicht loslassen müssen. Damit wir nicht erkennen oder akzeptieren müssen, dass wir unsere Vergangenheit als unsere Geschichte annehmen müssen. Denn es ist die einzige Geschichte, die wir haben. Ändern können wir nur die Bedeutung des Vergangenen und seinen Einfluss.]

Lass deinem Atem in aller Ruhe fließen und spüre die angenehme Entspannung beim Ausatmen ... ... Fantasie kennt keine Grenzen, sie kann dich an jeden Ort der Welt führen, wo auch immer du hin gehen möchtest ... ... Dafür genügt die Dauer eines einzigen Atemzugs ... ... So bringt dich dein Atem an einen Ort, der weit entfernt von allen Dingen da draußen existiert, doch näher ist als irgend etwas anderes auf dieser Welt sein könnte ... ... ein Ort ganz tief in dir selbst, an dem alles möglich ist, was du denken kannst ... ... Du gehst in das Land der Träume ... ...

Du hast dich bereits mit der Vorstellung des inneren Kindes auseinander gesetzt ... ... Du bist deinem inneren Kind auch schon begegnet ... ... hast in deiner Fantasie oder vor deinem inneren Auge Bilder entstehen lassen und so den Kontakt zu deinem inneren Kind gefunden ... ... Das innere Kind kann für verschiedene Anteile von dir stehen ... ... als Bild deiner unerfüllten Kinderwünsche ... ... als Zeichen für das Festhalten an der Vergangenheit ... ... oder für den Wunsch nach Wiedergutmachung ... ... als Ausdruck davon, dass immer wieder im Leben ein Teil von uns stehen bleiben kann, weil etwas nicht richtig verarbeitet wurde ... ... Das kann auch im Erwachsenenalter der Fall sein, dann kannst du auch das als inneres Kind betrachten ... ... Vielleicht ist dein inneres Kind auch der Anteil von dir, der deine Gefühle ausmacht ... ... der Teil von dir, der Gefühle unverstellt und rein wahrnehmen kann ... ... Möglicherweise auch steht dein inneres Kind für all das und für noch mehr ... ... was auch immer du mit der Vorstellung des inneren Kindes verbinden kannst, das innere Kind ist immer eine Instanz oder ein Anteil von dir, der tief in dir lebt und wirkt ... ... der nicht vom Verstand geleitet und gelenkt wird, sondern den Impulsen und Strömungen deiner Emotionen folgt ... ... Wenn es eine gemeinsame Aufgabe gibt, die von euch beiden erledigt werden kann, vom inneren Kind und von dir, dann ist das die Aufgabe, das Leben anzunehmen ... ... oder sagen wir vielleicht, die Herausforderung und die gemeinsame Chance, das zu tun ... ... denn es steht dir frei, das Leben anzunehmen oder damit zu hadern ... ... Doch du hast entschieden, im Land der Träume dir selbst und dem inneren Kind zu begegnen ... ... Du hast beschlossen, deine Vergangenheit aufzuarbeiten ... ... und aufarbeiten bedeutet im Land der Träume immer, die Vergangenheit des eigenen Lebens anzunehmen ... ... die Geschichte des eigenen Lebens anzunehmen, so schlimm oder schmerzhaft sie auch gewesen sein mag ... ... eine andere Geschichte deiner Vergangenheit hast du nicht gehabt ... ... Doch du kannst deine Geschichte selbst fortschreiben, kannst sie hier und heute konstruieren und Gutes für dich daraus entstehen lassen ... ... So gewinnst du dann doch noch eine andere Geschichte als die, die du immer wieder erlebst ... ... Du gewinnst die Geschichte des Loslassens ... ... Loslassen kannst du nicht die Wahrheit und die Realität deines Lebenslaufes ... ... Vergangenheit ist bereits geschehen und gehört zu dir ... ... Doch loslassen kannst du das Hadern ... ... den Wunsch danach, dass alles anders gewesen sein möge, denn dieser Wunsch kann nicht in Erfüllung gehen ... ... Doch Wiedergutmachung kann es geben ... ...

Deine Gegenwart kann wieder gut gemacht werden … … Das bedeutet nicht, dass du einen Ausgleich oder eine Belohung für das erlittene Unrecht und für dein Leiden bekommen musst … … Die Wiedergutmachung für dich kann darin liegen, dass du dich befreist und nicht mehr der Idee nachhängst, dass du eine andere Vergangenheit gebraucht hättest … … Dann kannst du dein Leben gestalten ohne ständig zurück zu blicken … … Dann ist deine Gegenwart frei und gut … … das, was dich jetzt leiden lässt, ist dann beendet … … wieder gut gemacht … … Doch vielleicht hast du auch Gedanken an Rache und Vergeltung für erlittenes Unrecht … … das ist menschlich, doch auch davon kannst du dich befreien … … vielleicht hilft es dir, wenn ich dir sage, dass der Verzicht auf Rache und Vergeltung nichts mit Verzeihen zu tun hat … … Verzeihen kannst du, wenn du denkst oder fühlst, dass es richtig für dich wäre … … doch du musst es nicht … … Wichtiger ist das Loslassen von Gedanken der Rache … … denn die binden dich an die Täter deines Lebens … … doch du willst frei sein … … Du stehst in einem Meer aus Blumen und Blütenblättern … … soweit dein Auge reicht, siehst du Blüten in allen erdenklichen Farben … … und vom Himmel rieseln weitere auf den Boden … … Ein Regen aus Blütenblättern, die langsam zu Boden taumeln … … Du breitest die Arme aus und öffnest die Hände um einige der Blütenblätter zu fangen und durch deine Finger gleiten zu lassen ... ... Die Sonne wärmt dich und der angenehm warme Wind lässt die Blütenblätter tanzen ... ... Du fühlst eine tiefe innere Ruhe und du spürst, dass heute ein wichtiger Tag gekommen ist ... ... Heute kannst du dein Leben annehmen ... ... so wie es bisher war, denn das war dein Leben nun mal ... ... Im Annehmen kannst du dann frei werden um dein weiteres Leben endlich zu genießen und frei zu gestalten ... ... so wie es für dich am besten ist ... ... Annehmen ist möglich ... ... Verzicht auf Vergeltung ist möglich ... ... Verzicht auf Wiedergutmachung ist möglich ... ...

... ... Du hörst Kinderstimmen im Wind ... ... die Stimmen der glücklichen Kinder, die immerzu durch das Land der Träume laufen und singen und tanzen ... ... Sie singen das Lied der glücklichen Kinder ... ... dieses Lied, das auch dein inneres Kind singt, das mit der Gruppe der glücklichen Kinder durch das Blütenmeer tanzt ... ... Die Kinder kommen näher ... ... Du hörst und verstehst die Worte, die sie singen ... ... *Ich nehme das Leben an, zu dem Preis, den es mich gekostet hat und zu dem Preis, den es andere gekostet hat. All das soll nicht umsonst gewesen sein. Es kann und wird Gutes daraus entstehen* ... ... Du hörst die Worte und vielleicht kannst du sie schon aus

Überzeugung und mit dem Gefühl der Erleichterung selbst sagen ... ... oder es gelingt dir schon bald ... ... Nimm dir die Zeit, die du brauchst, um die Worte der Kinder selbst im Land der Träume sagen oder singen zu können ... ... Vielleicht versuchst es dann auch in deinem wachen Alltag ... ... Heute vielleicht oder Morgen ... ... oder an jedem Tag deines weiteren Lebens erneut bis sich ein leichtes Gefühl dabei einstellt ...

... Ich nehme das Leben an, zu dem Preis, den es mich gekostet hat und zu dem Preis, den es andere gekostet hat. All das soll nicht umsonst gewesen sein. Es kann und wird Gutes daraus entstehen ... ... Das Land der Träume ist ganz tief in dir drin ... ... Dort war es schon immer ... ... Ich erzähle dir nur davon ... ...

[Schenke dir selbst noch einen Augenblick der Achtsamkeit und Stille und spüre in dich hinein. Lass die Bilder und Gedanken einfach mit jedem Atemzug blasser werden, bis sie dann im Wind deines Atems vergehen. Werde dir deines Körpers bewusst und schenke ihm Achtsamkeit. Spüre mit deinen Sinnen in deine Umgebung hinein und stell dich darauf ein, mit dem Gefühl der Verbundenheit mit dir selbst wach zu werden. Dein Körper will sich bewegen und dein Geist wird wieder wach. Du öffnest die Augen und bist wach!]

Kinderfotos

[Die Vergangenheit loszulassen, kann ziemlich schwer sein, auch wenn wir es tatsächlich wollen. Wir denken auch oft, dass wir das Vergangene bereits überwunden hätten, doch irgendwie kommen die Erinnerungen dann doch wieder zurück und auch die Schwermut. Du weißt wie das ist. Du weißt auch, dass manchmal ein Teil von dir innerlich stehen bleibt und ein anderer weiter geht. Doch nur der Teil, der wirklich weiter geht im Leben und die Aufgaben des Lebens annimmt, kann sich entwickeln. Im Stehenbleiben kann es keinen Fortschritt geben. Deshalb willst du nie wieder stehen bleiben. Du willst weiter gehen.]

Lass deinem Atem in aller Ruhe fließen und spüre die angenehme Entspannung beim Ausatmen … … Fantasie kennt keine Grenzen, sie kann dich an jeden Ort der Welt führen, wo auch immer du hin gehen möchtest … … Dafür genügt die Dauer eines einzigen Atemzugs … … So bringt dich dein Atem an einen Ort, der weit entfernt von allen Dingen da draußen existiert, doch näher ist als irgend etwas anderes auf dieser Welt sein könnte … … ein Ort ganz tief in dir selbst, an dem alles möglich ist, was du denken kannst … … Du gehst in das Land der Träume … …

Du denkst oft an die Zeit deiner Kindheit zurück
… … Dann hast du schon oft gedacht, dass es
auch anders hätte laufen können … … hast dir
ausgemalt, wie es heute sein könnte, wenn du
anders gelebt hättest, anders aufgewachsen
wärst … … wenn jemand da gewesen wäre, der
dir gesagt hätte, dass er oder sie dich liebt … …
Es ist eine spezielle menschliche Fähigkeit, über
das eigene Leben nachzudenken und dann zu
überlegen, was heute sein könnte, wenn manches
in der Vergangenheit anders gekommen wäre …
… oder anders gewesen wäre … … Doch wenn
wir darüber nachdenken, kommen wir zu dem
Schluss, dass es uns besser gehen könnte, wenn
alles anders gewesen wäre … … Wahrscheinlich
haben wir damit Recht … … doch dann denken
wir auch, dass das ungerecht ist … … dass wir
im Vergleich zu anderen zu viel Leid erlebt haben oder dass andere vom Schicksal bevorzugt
wurden oder von Gott oder von einer Instanz,
von der du glaubst, dass sie unser Schicksal
lenkt oder beeinflussen kann … …

… … Du stehst am Platz der Klarheit im Land
der Träume … … um dich herum ist weißes
Licht … … Du siehst nur Licht um dich herum …
… Du stehst auf einem gläsernen Boden und vor
dir liegt ein dickes Buch … … ein Fotoalbum …
… Du setzt dich auf den gläsernen Boden und
fängst an, in dem Fotoalbum zu blättern … … Du

siehst lauter Bilder von dir selbst und von deinem Leben ... ... Du siehst dich selbst auf den Fotos als Kind ... ... Du erkennst dich selbst ... ... Es ist dein Kindergesicht, das dich von den Bildern aus anblickt ... ... Du siehst die Augen des Kindes und tauchst noch einmal ein in die Gefühle der Kinderzeit ... ... Du erinnerst dich an die Gefühle damals ... ... *[Jetzt bitte für jedes Gefühl, das angesprochen wird, etwa fünfzehn Sekunden Zeit geben]* ... ... vielleicht war es Einsamkeit ... ... *[15 gefühlte Sekunden Pause]* ... ... vielleicht war es Angst ... ... *[15 gefühlte Sekunden Pause]* ... ... oder du hast dich oft angelehnt gefühlt ... ... *[15 gefühlte Sekunden Pause]* ... ... warst vielleicht bedroht ... ... *[15 gefühlte Sekunden Pause]* ... ... hast dich hilflos und schwach gefühlt ... ... Vielleicht warst du auch oft traurig ... ... *[15 gefühlte Sekunden Pause]* ... ... Möglicherweise hast du dir auch manchmal gewünscht, lieber tot zu sein, um endlich Ruhe zu finden ... ... *[15 gefühlte Sekunden Pause]* ... ... Vielleicht aber auch war es ein ganz anderes Gefühl, das du oft hattest ... ... *[15 gefühlte Sekunden Pause]* ... ... Tauch jetzt noch einmal ein in deine eigenen Gefühle von damals und lass sie da sein bis du dich leichter fühlst ... ... *[Jetzt bitte ca. 30 gefühlte Sekunden Pause]* ... ...

Du schließt das Album und legst es auf den gläsernen Boden ... ... Dann stehst du auf und gehst ein paar Schritte ... ... Du gehst immer tiefer in das weiße Licht und lässt dich ganz davon erfassen ... ... Du stellst dir vor, dass das weiße Licht dir innere Klarheit schenken kann ... ... dass es deine Gedanken und Gefühle reinigen und aufhellen kann ... ... Dass du die Gefühle der Kinderzeit im weißen Licht auflösen kannst, denn du brauchst sie nicht mehr ... ... Du konntest längst von all deinen Gefühlen und Erinnerungen lernen ... ... Du bist daran gewachsen ... ... hast auch in den schweren und schmerzhaften Zeiten deines Lebens immer wieder tief in deinen Gefühlen gelernt und bist gewachsen ... ... stark geworden ... ...

... ... Dann siehst du eine kleine Gestalt im weißen Licht auf dich zu kommen ... ... eine Kindergestalt ... ... Du weißt, dass es das Kind ist, das du auf den Fotos gesehen hast ... ... das Kind, das du selbst einst gewesen bist und vielleicht ist ein Teil von dir noch immer dieses Kind ... ... und kommt jetzt auf dich zu ... ... im Land der Träume ... ... am Platz der Klarheit ... ... Das Kind, das hier als dein inneres Kind zu dir kommt, das Kind, das du selbst auch bist, steht direkt vor dir ... ... In der hand hält es ein Fotoalbum ... ... *Der kleine Junge/Das kleine Mädchen [Bitte dem Geschlecht des Zuhörers anpassen]* streckt dir die Hände entgegen, um dir das Fotoalbum zu geben ... ... Du nimmst das Buch entgegen ...

... Du schlägst es auf, doch es sind keine Fotos darin zu finden ... ... Das Buch ist leer ... ... vollkommen leer ... ... Alle Seiten sind weiß ... ... Es wurde noch nie zuvor aufgeschlagen ... ...

... ... Du überlegst, warum dein inneres Kind dir das Album wohl gegeben hat, doch bevor du fragen kannst, ist es schon wieder im weißen Licht verschwunden ... ... Du spürst, dass dein inneres Kind nicht bei dir bleiben kann ... ... Es muss seinen eigenen Weg gehen, um zu wachsen und zu reifen ... ... Dann hörst du eine Kinderstimme und du weißt, dass es die Stimme deines inneren Kindes ist, die dir zuflüstert ... ... *Fülle das Album mit Bildern, die du neu erschaffst* ... ... *Fülle das Album mit Bildern, die du neu erschaffst* ...
... Dann wird es dir klar ... ... dann verstehst du, warum dein inneres Kind dir dieses neue Album gegeben hat ... ... als Zeichen des Friedens und der Liebe ... ... Nun kannst du neue Bilder erschaffen ... ... innere Fotos deines Lebens machen und in das Album kleben ... ... Fotos der Gegenwart ... ... Fotos deiner Fantasie auch, die zeigen, wie du dir dein Leben vorstellst ... ... das Leben, das du gestalten kannst ... ... im Augenblick der Gegenwart und in deiner Zukunft, die in der nächsten Sekunde schon beginnt ... ...

... ... Du verstehst immer mehr, dass Erinnerungen bleiben können, ohne an der Vergangenheit festzuhalten ... ... All das, was je in deinem Leben geschehen ist, bleibt als Erinnerung immer tief in dir gespeichert ... ... als Gefühle und Bilder ... ... als Echo aus vergangenen Tagen ... ... Du wirst dich immer erinnern können ... ... Doch das, was dich leiden ließ, war das Halten an dem Hadern mit dem, was einst nicht sein konnte ... ... mit dem, was du lieber nicht erlebt hättest ... ... und was dich leiden ließ, war der Wunsch nach einem anderen Leben, nach einer anderen Geschichte ... ... Nun ist es an der Zeit, nach vorne zu gehen ... ... dein Leben im Augenblick der Gegenwart zu gestalten ... ... Du entscheidest dies im Land der Träume ... ... und das Land der Träume liegt tief in dir ... ... Dort war es schon immer ... ... Ich erzähle dir nur davon ... ...

[Schenke dir selbst noch einen Augenblick der Achtsamkeit und Stille und spüre in dich hinein. Lass die Bilder und Gedanken einfach mit jedem Atemzug blasser werden, bis sie dann im Wind deines Atems vergehen. Werde dir deines Körpers bewusst und schenke ihm Achtsamkeit. Spüre mit deinen Sinnen in deine Umgebung hinein und stell dich darauf ein, mit dem Gefühl der Verbundenheit mit dir selbst wach zu werden. Dein Körper will sich bewegen und dein Geist wird wieder wach. Du öffnest die Augen und bist wach!]

Schlusswort

Nachdem Sie die Trancegeschichten gelesen haben, sind sicherlich schon Ideen entstanden, zu welchem Anlass und in welcher Form Sie die eine oder andere Geschichte einmal vorlesen können. Das geht mit allen Geschichten auch ohne speziellen Anlass, einfach so zur Entspannung. Die angesprochenen Themen spielen bei allen Menschen eine Rolle und können keinesfalls Schaden anrichten. Wenn Sie nun überlegen, eigene Geschichten zu schreiben oder auch frei zu formulieren, dann möchte ich Sie ausdrücklich dazu ermuntern. Es steht keine Geheimwissenschaft dahinter und falsch machen können Sie kaum etwas. Wenn Sie verständnisvoll und liebevoll formulieren, gelingt Ihnen auch das Schreiben einer guten Trancegeschichte. Sie werden sehen, wie leicht das ist und wie wirksam und vor allem hilfreich Ihre eigenen Geschichten sein werden.

Buchreihe: Zehn Hypnosen

Zehn Hypnosen. Band 1: Raucherentwöhnung
ISBN: 978-3-7322-4733-2

Zehn Hypnosen. Band 2: Angst und Unruhezustände
ISBN: 978-3-7322-4734-9

Zehn Hypnosen. Band 3: Burn Out
ISBN: 978-3-7322-4717-2

Zehn Hypnosen. Band 4: Übergewicht reduzieren
ISBN: 978-3-7322-4569-7

Zehn Hypnosen. Band 5: Vergangenheitsbewältigung
ISBN: 978-3-7322-4719-6

Zehn Hypnosen. Band 6: Suizidgedanken und Suizidversuche
ISBN: 978-3-7322-4722-6

Zehn Hypnosen. Band 7: Psychoonkologie
ISBN: 978-3-7322-4725-7

Zehn Hypnosen. Band 8: Zwänge und Tics
ISBN: 978-3-7322-4726-4

Zehn Hypnosen. Band 9: Selbstvertrauen und Entscheidungen
ISBN: 978-3-7322-4727-1

Zehn Hypnosen. Band 10: Trauerarbeit
ISBN: 978-3-7322-4729-5

Zehn Hypnosen. Band 11: Psychosomatik
ISBN: 978-3-7322-8515-0

Zehn Hypnosen. Band 12: Chronische Schmerzen
ISBN: 978-3-7322-8527-3

Zehn Hypnosen. Band 13: Depressive Gedanken
ISBN: 978-3-7322-8528-0

Zehn Hypnosen. Band 14: Panikanfälle
ISBN: ISBN: 978-3-7322-8533-4

Zehn Hypnosen. Band 15: Gewalterfahrungen
ISBN: 978-3-7322-8535-9

Zehn Hypnosen. Band 16: Posttraumatischer Stress
ISBN: 978-3-7322-8538-9

Zehn Hypnosen. Band 17:
Prüfungsangst und Lampenfieber *ISBN: 978-3-7322-8546-4*

Zehn Hypnosen. Band 18: Anti-Gewalt-Training
ISBN: 978-3-7322-8549-5

Zehn Hypnosen. Band 19: Suchttendenzen
ISBN: 978-3-7322-8550-1

Zehn Hypnosen. Band 20: Soziale Phobie und Kontaktangst
ISBN: 978-3-7322-8557-0

Weitere Hypnosebücher

Die große Hypnosekartei. Textbausteine für Hypnosen
ISBN: 978-3-7322-8634-8

Selbsthypnose. Das Praxisbuch *ISBN: 978-3-7322-4667-0*

Hypnose kreativ gestalten. Anleitungen für die Praxis
ISBN: 978-3-8448-0308-2

Hypnosepraxis. Ein Leitfaden der Trancearbeit
ISBN: 978-3-8370-7629-5

Reframing in Trance. Perspektiven mit Hypnose ändern
ISBN: 978-3-8370-7639-4

Rückführungen. Leitfaden der Reinkarnationstherapie
ISBN: 978-3-8370-7642-4

Der Hypnosebaukasten. Textbausteine und Anleitungen
ISBN: 978-3-8391-8109-6

Grundkurs Hypnose *ISBN: 978-3-8391-0170-4*

Suggestionen richtig formulieren. 10 Minimax-Techniken
für Hypnotiseure *ISBN 978-3-8370-9519-7*

Suggestionstexte und Hypnosevorlagen

Hypnosetexte 1. 50 ausformulierte Suggestionstexte für den Hypnosehauptteil *ISBN: 978-3-7322-4658-8*

Hypnosetexte 2. 50 ausformulierte Suggestionstexte für den Hypnosehauptteil *ISBN: 978-3-7322-4659-5*

Hypnosetexte 3. 50 ausformulierte Suggestionstexte für den Hypnosehauptteil *ISBN: 978-3-7322-4660-1*

Hypnosetexte 4. 50 ausformulierte Suggestionstexte für den Hypnosehauptteil *ISBN: 978-3-7322-4665-6*

Hypnosetexte 5. 50 ausformulierte Suggestionstexte für den Hypnosehauptteil *ISBN: 978-3-7322-8631-7*

Fantasiereisen und Trancegeschichten

Fang wieder an zu leben. Trancegeschichten
ISBN: 978-3-7322-4695-3

Wellen am Horizont. Trancegeschichten
ISBN: 978-3-8391-1394-3

Heilsame Fantasien. Trancegeschichten
ISBN: 978-3-8391-0899-4

Spiegelbilder im See. Trancegeschichten
ISBN: 978-3-7322-9736-8

Feuer am Wasserfall. Trancegeschichten
ISBN: 978-3-7322-9782-5

Frieden mit dem inneren Kind. Trancegeschichten
ISBN: 978-3-7357-8853-5

Heilpraktikerbücher

Heilpraktiker für Psychotherapie. Prüfungswissen
ISBN: 978-3-8334-9867-1

Heilpraktiker für Psychotherapie. Die mündliche Prüfung
ISBN: 978-3-8334-9868-8

Heilpraktiker für Psychotherapie. Die schriftliche Prüfung
ISBN: 978-3-8370-0347-5

Heilpraktiker für Psychotherapie. 20 Fallbeispiele
ISBN: 978-3-8370-1090-0

Endlich Heilpraktiker. Die häufigsten Irrtümer in der Psychotherapieprüfung *ISBN: 978-3-8370-0329-1*

Übungsaufgaben Psychotherapie. Zur Vorbereitung auf den kleinen Heilpraktiker *ISBN: 978-3-8370-0683-4*

Crashtest Psychotherapie. Zur Vorbereitung auf den kleinen Heilpraktiker *ISBN: 978-3-8370-0709-1*

Spezialtest Psychotherapie. Für kleine und große Heilpraktiker *ISBN: 978-3-8370-5838-3*

Heilpraktikerprüfung Psychotherapie. 200 kommentierte Aufgaben *ISBN: 978-3-8370-6017-1*

Diagnosetraining Psychotherapie. Ein Arbeits- und Nachschlagebuch *ISBN: 978-3-8370-4281-8*

Psychotherapie. Der Fragenkatalog. Fachwissen Heilkunde
ISBN: 978-3-8370-5396-8